어떤 배움은 떠나야만 가능하다

어떤 배움은 떠나야만 가능하다

생태마을에서 배운 교육, 지혜, 사랑

김우인 지음

삶이라는 길을 인도하는
지구 어머니에게 이 책을 드립니다.

머리말

생태교육과 마을교육이 우리 사회에 아직 낯설게 느껴지던 2000년대 초반, 오랫동안 대안교육을 펼쳐 온 풀무학교에 입학했다. 전국에서 온 학생과 선생님 들이 작은 시골학교에 모여 땀 흘려 농사짓고, 두런두런 속 깊은 이야기를 나누고, 도서실에 옹기종기 모여 앉아 책을 읽었다. 그러는 동안 나 자신, 이웃, 자연과 조화롭게 살아가는 법을 배웠다.

고등학교 2학년 때에는 세계의 생태마을과 공동체를 공부했다. 유럽의 생태마을을 알게 되면서 새로운 세상을 꿈꿨고, 티베트의 전통마을 라타크를 보며 사라져 가는 작은 마을의 가치를 배웠다. 당시 한국을 방문한 『오래된 미래』의 저자 헬레나 노르베리 호지의 강의를 들으며 '땅에 뿌리내린 삶', '지역에 뿌리내린 삶'에 대한 관심이 더 깊어졌다. 그것은 내가 앞으로 걷고 싶은 지혜롭고 선한 길이었다.

풀무학교를 졸업하고 대학에 진학했다. 도시에서의 생활은 그동안 배운 것과는 정반대의 삶으로 다가왔다. 남모를 공허함과 외로움이 찾아왔다. 그때마다 생태마을과 공동체는 회색빛 도시에 찾아든 작은 파랑새처럼 내 가슴 위로 날아왔다. 생태마을을 향한 내 작은 열정은 점점 커져만 갔고 결국 이곳들을 직접 가 보기로 마음먹었다.

처음 방문한 곳은 프랑스의 작은 마을 떼제였다. 국가, 인종, 종교의 장벽을 넘어 전 세계에서 찾아온 청년들 그리고 떼제의 수사님들과 함께 가슴속 이야기를 나누는 동안 내 영혼은 잔잔히 떨려왔다. 떼제를 시작으로 무엇에 이끌리는 듯 발걸음은 멈춰지지 않았다. 그 후 10년이 넘는 긴 시간 동안 유럽, 아시아, 아프리카에 있는 떼제와 같은 마을로 몇 달씩 길을 떠났다. 이들은 늘 빈손으로 온 청년을 기쁘게 맞아주었다.

마을에서 대단한 무언가를 경험했던 것은 아니다. 함

께 밥을 먹고, 땅을 가꾸고, 노래하고, 별을 보며 이야기를 나눴을 뿐이다. 생태마을을 더 자세히 알고 싶어 각 마을의 설립자, 연구자, 교육자를 인터뷰하고 마을에서 열리는 교육 프로그램이나 콘퍼런스에도 적극적으로 참여했다.

물론 생태마을도 여느 사람 사는 곳처럼 현실적인 어려움이 보였다. 하지만 마을 깊이 걸어 들어갈수록 이들의 평범한 일상은 그 자체로 지구를 사랑과 지혜로 돌보는 행동이라는 걸 알게 되었다. 이들은 땅에 단단히 뿌리내리고, 자연과 더불어 생명을 돌보며 지구 위에 새로운 지도를 그려 나갔다. 지도 위를 걷고 있노라면 나라는 작은 존재도 덩달아 이들이 뿜어내는 싱그러운 빛으로 물들었고 귓가에는 이들이 지구를 향해 부르는 노래가 들려왔다.

먼 길에서 돌아와 나는 마을에서 받은 소중한 씨앗을 키워야겠다고 생각했다. 후배와 청년 들에게 생태마을을 알렸고, 세계 생태마을 네트워크Global Ecovillage Network의 한국 청년 대표로 초대받아 한국에서 친구들과 청년 생태마을 운동도 시작했다. 마을에서 공부한 생태교육 프로그램을 소개하고, 연사들의 강연을 통역하고, 책도 번역했다. 대학원과 여러 교육기관, 선생님들을 찾아가 공부하기도 했다. 수없이 부딪히고 넘어졌지만 이 과정을 통해 내가 받은 씨앗들을 조금씩 키울 수 있었다.

　30대가 되어, 나처럼 길을 찾는 청년들에게 내가 배운 것들을 나누고자 모교로 돌아가 교사가 되었다. 나는 교사의 눈으로 마을을 다시 바라보았다. 그곳은 나를 키운 풍요로운 땅이었고 그곳에서 만난 어른들, 친구들, 아이들, 자연은 다정한 스승이었다. 교사가 되고 난 뒤에야 마을이 생태교육과 마을교육이 살아 숨쉬는 교육 현장이었음을 깨달았다. 내가 받은 씨앗들은 자라나 꽃을 피우며 영글어 갔고, 더 많은 이들에게 이 배움을 나눠야겠다는 생각이 들어 글을 쓰기 시작했다.

　이 책은 약 10여 년에 걸쳐 유럽에 있는 6개의 생태마을과 공동체를 다니며 한 청년이 보고, 듣고, 느낀 것을 기록한 것이다. 기쁨과 고통 속에서 일어난 성장 이야기, 마을 사람들이 건네준 이야기를 전하고자 한다. 각 생태마을에 관한 정보는 지금의 현실에 가깝게 서술했지만 대화, 사건, 인물 등은 마을을 처음 방문하던 시점에 맞춰 서술하였다.

　어떤 삶이 지혜롭고 선한 것인지 배우고 가르치는 일이 허무하게 느껴질 만큼 지금의 교육 현장에서 느껴지는 우리 사회, 기후 위기, 바이러스 등의 현실은 암울할 때가 많다. 이 책을 만나는 분들이 '생태마을', '생태교육', '마을교육'

이라는 단어를 거창한 목표나 인터넷에 떠도는 정보가 아니라 생생한 삶의 현장으로 느낄 수 있었으면 한다. 생태마을의 지혜를 통해 우리의 평범한 일상이 지구를 살리는 길로 이어질 수 있음을 나누고 싶다.

각 편마다 이야기를 마무리하면서 노래를 적어 보았다. 마을에서 경험한 나의 느낌과 생각을 풀어 본 노래이다. 진실한 마음 그 하나로 길을 나선 청년의 손을 잡아준 노래, 서툰 발걸음으로 지구 위에 흩어진 길을 이어 걸을 때 가슴 속에 울리던 노래들이다. 생태적 지식이나 정보에 그치지 않고 여러 생태마을의 노래가 우리의 몸을 타고 일상 속으로 마을로 도시로 천천히 스며들었으면 한다. 모두의 노래가 모이고 흘러 그렇게 '지구의 노래'가 되어 다음 세대로 이어지길 바란다.

이 책을 쓸 때만 해도 추가적인 취재를 위해 아프리카와 유럽의 생태마을을 방문할 수 있었다. 하지만 지금은 현실적으로 떠나는 일 자체가 쉽지 않다. 코로나19COVID-19는 세상을 완전히 바꿔놓았다. 더 이상 떠남도 배움도 불가능한 걸까. 아이들과 청년들에게 더 넓은 세상, 아름다운 지구를 보여줄 기회도 사라진 걸까? 이런 생각을 하면 마음이 움츠러들고 슬퍼진다. 하지만 분명한 건 이미 지구는 위험 신호를 계속 보내왔으며, 우리는 커져만 가는 기후 위기 속에서 지금까지 살던 삶의 방식과 결별할 수밖에 없다는 사실이다.

지난 봄 나는 헬레나 노르베리 호지와 화상 인터뷰를 통해서 지금과 같은 코로나 시대 우리에게 필요한 것이 무엇인지 물었다. 그는 "우리에게는 지금 그 어느 때보다 '에코 리터러시', 즉 감수성과 지식이 결합된 생태적 교양이 필요합니다."라고 말했다. 이미 우리는 새로운 배움의 길로 들어섰는지도 모른다. 우리보다 먼저 그 길을 걷고 있는 생태마을 사람들의 이야기가 작고 빛나는 길 하나가 되어주길 소망한다. 이 책이 에코 리터러시를 경험할 수 있는 문이 되었으면 한다. 길을 함께 걸으면서 새로운 교육, 마을, 지구를 꿈꿀 수 있기를 바란다.

마지막으로 이 이야기가 세상에 태어날 수 있도록 다정한 산파가 되어준 열매하나 출판사, 빈손의 청년에게 진실한 이야기를 들려준 생태마을과 공동체 사람들, 모험에 동참했던 소중한 친구들, 이야기를 품을 수 있도록 따뜻한 둥지가 되어준 세검정 하우스, 원고를 함께 읽어주고 가는 길마다 사랑을 보내주시는 부모님, 꿈을 함께 품어준 학생들, 친구들, 청년들, 선생님들 특히 큰 스승인 자연에게 고마운 마음을 보낸다.

차례

✦

1장

무엇을 위해
공부하는가

떼제 Taizé ✦

―――――

프랑스

✦ 프랑스 부르고뉴 동부에 위치한 작은 마을로 1940년 전쟁을 피하려는 사람들을 위해 로제 수사가 설립했다. 국가나 종교와 관계없이 다양한 사람들이 방문해 영혼의 안식을 가지는 곳으로 알려져 있다. 한 번 방문할 때 일주일만 머무는 것을 권하며, 매주 일요일마다 수사들이 전 세계에서 찾아오는 청년들을 직접 맞이한다.

www.taize.fr

◆

낯선 땅, 알 수 없는 노래

친구여Dear friend.

다정한 첫 인사와 함께 마을에 와도 좋다는 답장이 왔다. '친구'. 내가 누구인지, 어디서 왔는지, 무엇을 하는지 전혀 모르는 이가 다정하게 부르는 그 말이 너무 좋아서 몇 번이나 메일을 읽고 또 읽었다.

가을바람이 솔솔 기분 좋게 불어오는 9월, 파리 북역에서 기차에 올라탔다. 너른 들판 위로 햇살이 쏟아져 금빛으로 출렁거렸고, 내 가슴에도 바람 같은 것이 일렁일렁하기 시작했다. 빠르게 달리던 기차는 속도를 늦췄고, 나는 '마콩로쉐Mâcon-Loché'라는 역 이름을 겨우 알아듣고 서둘러 내렸다.

갈아탄 버스는 시골길을 돌고 돌아 햇볕이 내려앉은 돌담을 따라서 언덕을 올라갔다. 스물한 살, 그때는 이 발걸음이 이후 10년 넘게 유럽, 아프리카, 아시아를 오가는 길로 이어질 줄 상상조차 하지 못했다. 그저 처음 만난 외국 청년들에게 나를 어떻게 소개해야 할지 걱정하며 서투른 영어를 중얼중얼거리면서 언덕 꼭대기로 향했다.

일요일 오후, 전 세계에서 온 500명 넘는 청년들이 종탑을 지나 마을 안으로 향했다. 이들을 따라 큰 공터가 있는 곳에 다다르니 어디선가 꿀을 머금은 꽃내음이 났다. 깊고 맑은 숲에 들어가거나 좋은 사람을 만날 때 맡을 수 있는 은은한 향이 느껴졌다. 나중에야 사발 그릇으로 나눠주는 달달한 차향이라는 걸 알았는데, 나는 이곳이 그리울 때마다 첫인상으로 다가온 그 향을 떠올린다.

"코리아!"

왁자지껄 떠드는 청년들 사이로 익숙한 단어가 들렸다. 한 독일 청년이 나를 부르고 있었다. 그에게 다가서자, 한껏 미소를 띠며 숙소의 위치와 전체 일정을 천천히 들려주었다. 이곳에서 함께 살아가기 위해서 해야 할 일도 있었다. 그는 한국어로 된 안내 책자와 약손가락만 한 주홍색 식권을 주었고, 나는 일주일 숙식비로 35유로, 당시 우리나라 돈으로 5만 원이 채 되지 않는 금액을 건넸다. 눈웃음을 서로 주고받으며 오리엔테이션은 끝이 났다.

어느새 저녁 시간, 청년들은 큰 공터에 길게 서서 저녁밥을 기다렸다. 다양한 피부색만큼 모습도 가지각색이었다. 방금 일어난 듯 헝클어진 머리로 멍하니 서 있는 청년, 다른 사람의 시선은 아랑곳없이 춤추는 청년, 목이 찢어지도록 노래 부르는 청년. 한국에서 만났다면 무척 낯설게 느끼고 거리를 뒀을 법한 사람들이었다. 하지만 이 괴짜 같은 이들 사이에서 나는 이상하게 편안했고 오히려 가까이 하고 싶은 마음이 들었다.

소란한 청년들 사이로 면바지에 셔츠를 입고, 어깨에 니트를 단정하게 두른 사람들이 드문드문 보였다. 이들은 청년들이 말을 걸면 진지한 태도로 몸을 기울여 듣고는 필요한 말만 간단하게 말하고 미소를 지어 보였다. 알고 보니 그들은 수사들이었다.

아까 독일 청년에게 받은 한국어 안내 책자에는 이런 말이 적혀 있었다.

"우리 공동체는 스스로 일해서 번 것만으로 살아갑니다. 어떤 기부도 받지 않으며 가족에게서 상속을 받으면 가난한 이들에게 보냅니다."

더 자세히 읽으니 내가 방문한 이곳은 수사들이 운영하는 곳이었고, 안내문 역시 수사들이 쓴 글이었다. 나는 이들이 세계 각국의 청년들과 어떻게 함께 살아가는지 궁금해졌다.

시선을 돌려 보니 저 멀리 돔 모양 지붕에 십자가가 달린 건물 위로 붉은 노을이 내려앉고 있었다. 이내 곧 사방이 고요해지더니 앞의 사람들이 노래를 부르기 시작했다. 4부 화음으로 몇 차례 반복해서 부르는 단순한 곡조의 노래로, 마치 오래된 수도원에서 수도자들이 불렀던 그레고리안 성가 같았다. 좀 전의 떠들썩하고 자유로운 분위기와는 180도 달라진 공기에 속으로 놀랐다. 그렇게 앞에서 시작된 노래는 내가 선 자리까지 이어졌다. 영어 노랫말도 아니어서 알아듣기는 어려웠지만, 고요하게 흐르는 노랫소리에 귀를 기울였다. 그 소리는 가만히 내 마음에 닿았다가 붉은빛이 번진 하늘 위로 원을 그리며 너울너울 올라갔다.

문득, 지금 내가 있는 이곳이 어디인지 알 수 없어졌다.

공동체, 생태마을이라는 이름만 보고 호기심에 방문한 이곳은 청년 캠프장인 듯도 했다가 수도원인 듯도 했다. 분명한 건 그때까지 내가 한번도 경험하지 못한 장소라는 사실이었다. 시골 언덕 꼭대기에 있는 작은 마을, 서로 비슷한 구석이라곤 찾기 어려운 청년들과 청빈한 수도자들이 함께 살아가는 곳, 나를 다정하게 친구라 불러준 곳, 평화로운 노랫소리가 울려 퍼지는 이곳, 지금 나는 어디에 있는 것일까?

그 순간이 꿈결같이 느껴졌고, 노래가 이어질수록 지금 서 있는 이 땅의 무언가가 강렬하고 선명하게 내 안으로 걸어 들어오는 걸 느낄 수 있었다. 어떻게 살면 좋을지 갈피를 잡지 못하던 스물한 살의 나에게 이곳의 노래는 눈을 감으면 수백, 수천 번 언제라도 느낄 수 있는 울림으로 다가왔다. 프랑스 부르고뉴 지방의 작은 시골 마을, 지금 나는 떼제Taizé에 있다.

◆

텅빈 일상의 자유

'떼제'라는 단어는 어린 시절 내 방 피아노 위에 있는 성가집에서 처음 만났다. 이곳은 로제라는 한 수사가 가난한 사람들을 위해 삶을 헌신할 것을 서약하며 생겨났다. 그와 뜻을 함께하는 여러 기독교 종파의 사람들이 모여 가난한 사람들과 더불어 살았다. 차츰 떼제의 이야기를 들은 청년들이 전 세계에서 모여들었고, 수사들은 가슴을 열고 그들을 기쁘게 맞이했다. 떼제는 청년 공동체로 성장하였고, 해마다 전 세계 수천 명의 청년들이 이곳을 찾아온다. 떼제를 실제로 방문하고 난 뒤 이 짧은 이야기 안에 깊은 신비와 사랑이 숨쉬고 있음을 알게 되었다.

나의 떼제 생활은 폴란드에서 온 소녀들과 도미토리 형태의 방을 함께 쓰며 시작됐다. 생각보다 금세 이곳에 적응했는데, 그럴 수밖에 없는 것이 하루 일과가 무척 단순했기 때문이다. 하루에 세 번 있는 기도와 식사, 노동, 소모임이 일상의 전부였다. 오후에는 개인이 원하는 워크숍이나 성가 연습에 참여할 수도 있었다.

가장 중요한 사실은 마음에 따라 이 모든 일정에 참여하지 않아도 된다는 것이다. 그런 사람에게 어느 누구도 핀잔이나 눈치를 주지 않을 분위기였다. 신기하게도 떼제에 모인 청년들은 누가 시키지 않아도 그곳의 일상을 지켜 나가려고 했다. 마을은 자발적인 참여로 움직이고 있었다.

떼제에서 지내며 가장 좋았던 점은 아무것도 하지 않아도 되는 텅 빈 시간이 참 많다는 것이다. 청년들은 시간만 나면 잔디밭이나 벤치, 땅바닥에 앉고 엎드리고 누웠다. 그들은 가만히 눈을 감거나 책을 보거나 글을 썼다. 때로는 도란도란 이야기를 나눴다. 성 에티엔느 샘Source St. Etienne이라 불리는 산책길을 비롯해 주위의 시골길을 느릿느릿 걷는 청년도 여럿 보았다. 짧고 단순한 노래를 반복해서 부르는 것이 전부인 기도 시간에도 어김없이 꽤나 긴 침묵의 시간이 있었다. 어디에나 어느 때나 숨을 깊이 마시고 내쉴 수 있는 따뜻한 틈이 있었다.

먹고 일하고 기도하며 그전까지의 내 일상과는 전혀 다르게 시간이 흐르는 걸 느낄 수 있었다. 처음 이곳에 왔을 때는 보이지도 들리지도 느껴지지도 않던 세상이 찾아왔다.

날이 저물 무렵, 친구들이 숲에서 주워 온 마로니에 열매가 작은 창으로 들어오는 노을빛에 닿아 온갖 붉은색으로 빛났다. 저녁 기도 시간에 라틴어, 프랑스어, 독일어 등 세계 각국의 언어로 쓰인 단순한 노래를 하염없이 듣고 또 듣다 보면, 언어와 선율을 넘어 어떤 신성한 소리가 귓가에 울려 퍼지는 것 같았다. 깊은 밤, 가로등도 없는 시골길을 홀로 걷노라면 벌레, 풀, 돌멩이같이 나보다 훨씬 작은 생명들이 어둠 속에서 나를 지켜준다는 생각도 들었다.

이곳에 모인 청년들은 서로의 틈을 더 유연하고 폭넓게 키워주었다. 금세 나를 친구라 불러주고 정말 친구가 되어주었다. 오전에 수사님들의 안내로 소모임을 이뤄 둥그렇게 앉아 이야기를 나누며 떼제의 시간으로 더 가까이 갈 수 있었다. 영어 실력은 부족했지만 덕분에 더 집중하며 친구들과 대화를 나누었다.

소모임은 토론 수업도, 기독교와 관련된 지식을 배우

는 자리도 아니었다. 그저 자신이 살아가면서 겪은 일이나 평소 가졌던 고민을 이야기하는 자리였다. 멕시코에서 살며 부모님 때문에 억지로 성당에 나가느라 답답했다는 이야기, 스웨덴에서 경제학 공부를 마쳤지만 노래를 부를 때 가장 행복하고 노래로 아픈 사람들을 위로해주고 싶다는 이야기, 어린 시절 개미와 베짱이 이야기에서 베짱이의 삶도 가치 있다고 얘기해준 선생님을 잊을 수 없다는 이야기를 나눴다. 우리는 서로의 작은 목소리와 사소한 이야기에도 온몸을 기울였다.

우리나라 대학에서는 토익 점수, 학벌, 스펙 얘기를 주제로 대화를 나눌 때가 많았다. 겉으로는 관심 없는 척했지만 속으로는 한없이 나와 다른 사람들을 비교하고 평가했다. 그런 이야기를 마치고 돌아오는 날은 상처투성이인 스스로가 한없이 초라해 보였다. 하지만 떼제에서 세계의 청년들과 이야기를 나누는 사이, 초라하게만 보이던 내 안에도 곱고 예쁜 것이 숨어 있음을 깨달았다. 건강한 숲에서 모든 생명이 자신의 빛을 한껏 뿜어내듯 떼제라는 숲에서 나도 생명의 기지개를 펼 수 있었다.

이곳의 일상을 경험하며 그동안 한국에서 스스로를 얼마나 꽁꽁 묶고 살아왔는지 깨달았다. 나를 조이던 끈이 풀리고 내 안에도 틈이 생기기 시작했다. 나 자신, 나를 둘러싼 사람들, 내가 살았던 땅을 조금 더 멀리서 바라볼 수 있는 여유가 생겼다. 딱딱한 껍질이 갈라지고 그 틈으로 보드랍고 여린 무언가가 살며시 움직였다.

◆

강의실 밖에서 깨달은 현실

떼제에서 지낸 지 나흘이 지났다. 오후에 혼자 숲을 거닐며 어느 수사님이 하신 말을 떠올렸다.

"떼제에서 침묵은 무엇이라 생각하나요? 말을 하지 않는 것일까요? 아닙니다. 바로 내면의 침묵입니다. 세상 밖의 소리에 집중하고 있으면 우리는 고요함을 찾기가 어렵습니다. 어떻게 내면의 침묵에 닿을 수 있을까요? 스스로 마음이 고요하다 여겨도 이내 걱정과 근심이 찾아와 우리를 괴롭히곤 합니다. 떼제에서 말하는 영혼의 침묵은 어떤 것도 마음에 찾아오지 않는 상태입

니다. 그 순간 우리보다 더 커다란 존재의 사랑을 느낄
수 있습니다."

수사님의 말을 되뇌며 숲을 걷다 보니 문득 '나는 왜
이 먼 곳에 홀로 찾아왔을까?'라는 질문과 함께 지난해 겨
울, 서울의 생활이 떠올랐다.

손끝이 아리게 추운 11월. 나는 서울 변두리의 작은 대
학에서 신문방송학을 공부하며, 청계천복원사업으로 쫓겨
난 노점 상인들을 취재하려고 새벽마다 풍물시장과 평화시
장을 오갔다. 이미 기자들에게 질릴 대로 질린 상인들은 처
음에는 카메라만 보여도 기겁을 했다. 그러나 공부하는 학
생에게 도움을 주고 싶어 하는 어른들이 계셨고 천천히 그
분들의 이야기를 들을 수 있었다.

사람들이 버린 재활용품을 줍는 리어카 할아버지, 한
쪽 다리를 절룩이며 힘겹게 좌판을 펴면서도 다음에 오면
고기를 사주겠노라던 아저씨, 20년 동안 떡을 팔며 가난한
사람들에게는 공짜로 떡을 준다는 할머니. 이들은 평생 삶
의 터전으로 삼았던 청계천에서 쫓겨나다시피 떠나야 했다.
힘든 일을 겪은 당사자들에게 그 경험을 직접 듣는 것이 이
렇게 처참하고 무력하게 느껴지는지 몰랐다. 함께 다니던

친구와 나는 이들을 위해 우리가 할 수 있는 게 아무것도 없다는 현실이 마냥 서러워 길바닥에 주저앉아 펑펑 울고 말았다.

당시 나는 사회, 정치, 환경 문제에 큰 관심이 없었고, 세상을 바꾸는 거대한 포부도 나와는 어울리지 않는다고 생각했다. 스스로를 그저 눈앞에 닥친 성적과 취업을 고민하는 대학생이라고만 여길 뿐이었다. 하지만 학교로 돌아와 수업을 들으면서도 청계천에서 만났던 분들의 얼굴이 자꾸만 떠올랐다.

강의실에서는 위대한 사상, 예술, 문학이 오가고 사랑, 평화, 나눔에 관한 이야기로 가득했지만 교문을 나서면 전혀 다른 풍경이 펼쳐졌다. 청계천복원사업이 진행되고 물이 흐르는 돌다리를 오가며 한껏 즐거움을 누리는 사람들, 평화시장을 짓누르는 기세의 대형 쇼핑몰들, 나무 한 그루 자라지 못하는 싸늘한 회색빛 거리 뒤편으로 쓸쓸히 발길을 돌려야 했던 가난한 사람들이 있었다.

그해 겨울 내 눈에 비친 청계천과 서울은 그동안 강의실에서 배우고 그려 본 세상과는 전혀 다른 커다란 모순 덩어리 그 자체였다. 지금 배우는 것들이 실제로 내가 살아야 할 삶의 본질과 얼마나 맞닿아 있는지 전혀 알 길이 없었다.

'왜, 내가 사는 이 사회는 평등하지 않을까? 무엇을 위해 나는 공부하는 걸까? 이 사회를 살아가는 '나'라는 존재는 도대체 누구일까? 강의실 밖에도 모두가 더불어서 행복하게 사는 또 다른 세계가 존재할 수는 없을까?' 몸 속에서 이런 질문들이 뒤섞이고, 나라는 존재가 세차게 흔들렸다. 목까지 뜨거운 무언가 올라오는 것이 느껴졌다. 이 뜨거운 덩어리를 어떻게 할 수 없어 꾹꾹 삼키고만 있었다.

수업을 마치고 차가운 겨울바람이 서걱거리는 서울 거리를 서성거리면, 황량한 사막에 홀로 있는 것처럼 쓸쓸함이 가슴을 쓸고 내려갔다. 이런 마음을 누군가에게 터놓고 싶었지만 가슴속 차오르는 질문에 어느 누구도 답을 못 해 줄 것 같았다. 다들 자기 길을 가는 데만 바빠 보였다. 싸늘한 회색빛 도시에서 나라는 사람이 낼 수 있는 빛은 반딧불보다 작아서 금세 묻힐 뿐이었다.

시간이 흘러, 떡을 파시던 할머니가 차가운 내 두 손 위에 올려준 가래떡의 온기도 사라졌다. 청계천 사람들의 이야기를 취재하며 조금이나마 세상을 바꾸고 싶었던 가슴속 고민과 열망도 대학 노트 속에 깊이 잠들어 버렸다.

햇살 한 줌 찾아들지 않던 그 겨울의 기억이 이곳 떼제에서 불쑥 떠올랐다. 왜일까? 이런 마음을 안고 저녁 기도 시간에 맞춰 화해의 교회에 들어섰다. 주홍빛 장막 아래 네모난 나무 상자에서 촛불이 타올랐다. 로마 시대 지하 묘지인 카타콤에서 기도를 드리기 위해 절망의 밤에도 촛불을 켰던 이들처럼, 저녁이 내려앉은 교회 안 촛불은 온전히 자신을 태우고 있었다. 하얀 옷을 입은 수사들이 교회 안으로 들어왔고, 수백 명의 청년이 부르는 노래와 함께 기도가 시작되었다.

청년들은 엎드리거나, 무릎을 꿇거나, 다리를 펴거나, 저마다 편한 모습 그대로 노래를 불렀다. 교회 안에 고요히 울려 퍼지는 단순한 음으로 이루어진 노래를 듣고 또 들었다. 수사들은 영어, 독일어, 프랑스어, 한국어 등 여러 언어로 짧은 성서 한 구절을 나지막이 읽었다. 이어서 침묵이 찾아왔다.

고요한 그 틈으로 여러 생각이 오갔다. 나를 이 먼 곳까지 데려온 건 익숙한 도시와 사회를 떠나 새로운 삶을 만나고 싶은 열망이라는 생각이 들었다. 누군가 옳다고 가르치는 것에 순응하지 않고 나만의 방식으로, 내 손으로, 내 눈으로, 내 입으로, 내 발로, 내 영혼으로 삶을 오롯이 만나고 싶은 간절함이기도 했다.

그러나 마음 한편에는 한국 사회에서 많은 사람이 말

하는 길로 가지 않으면 안 될 것 같은 두려움과 걱정이 공존했다. 나에게 주변 사람들을 위해 무언가 할 수 있는 능력이 하나라도 있을까 하는 의문도 들었다. 힘겨운 이를 앞에 두고 울기만 하던 나약한 청년이 무얼 할 수 있을까. 허망한 생각이 밀려와 바닥에 몸을 웅크려 한참을 엎드려 있었다. 긴 침묵 후 평온한 노래가 들려왔다.

두려워 말라, 걱정하지 말라Nada te turbe, nada te espante

두려워 말라, 걱정하지 말라. 전 세계에서 찾아온 청년들이 부르는 노랫소리가 강에 잔잔한 물결이 일듯 공간을 가득 채워 나갔다. 속으로 우는 내 마음을 다독여주는 듯했다. 누군가 웅크린 작은 존재를 넓은 품으로 따뜻하게 안아주는 것이 느껴졌다. 나라는 존재가 그 자체로 한없이 사랑받을 수도 있겠다는 생각이 들었다.

떼제에 와서 전 세계의 청년들과 마주하며 그들도 나와 다르지 않은 고민을 하고 있음을 보았고, 한편으로는 내가 너무나 경직된 마음과 시각으로 살고 있음을 깨달았다. "세상일은 인상 쓴다고 풀리지 않아." 하시며 희망을 꼭 붙잡고 서로 기대어 살아가던 청계천 분들의 얼굴이 떠올랐다.

그동안은 스스로의 부족함과 세상의 거친 모습에 눌려, 나 자신을 너무 작은 존재로 묶어두고 있었다. 하지만 지금의 나를 그대로 받아들여 주는 사람들과 함께 배우고 노래하는 일상을 반복하면서, 어느새 내가 잃어버렸던 빛을 되찾은 기분이 들었다. 그 순간 나는 어떤 존재에게 말했다. '저는 아무것도 가진 게 없습니다. 지금 제게 보내는 이 사랑을 전하는 당신의 도구가 되게 해주세요.' 그러자 마음에 있던 슬픔의 덩어리가 눈물이 되어 흘러나와 떼제라는 넓은 바다의 품에 안겼다.

그날 밤 나는 한참을 엎드려 있다가 일어섰다. 모두 잠든 깊은 밤, 차가운 밤공기를 마시며 숙소를 향해 걸었다. 풀숲에서 날아오른 반딧불이는 자기 몸에서 나오는 빛을 마음껏 내뿜으며 별이 쏟아지는 밤하늘로 올라갔다. 이른 아침에 눈을 뜨니 모든 것이 눈부시게 빛났다. 나는 새로운 꿈을 꾸기 시작했다.

✦

청년들과 어떻게 만날까

나는 다시 서울로 돌아왔다. 떼제에서 얻은 힘을 동력 삼아 꿈이라 믿었던 일을 찾았고 한참을 애썼다. 하지만 그 뒷골목에 내려앉은 슬프고 아픈 그림자와 삶이 주는 무게를 견디기 어려웠다. 결국 퇴사한 뒤 한참을 길 위에서 방황하다 찬바람이 부는 늦가을 다시 떼제를 찾았다. 성 에티엔느 샘의 나무들은 여전히 깊은 눈으로 세상을 가만히 응시하고 있었다.

도착하자마자 일주일 동안 침묵 주간에 들어갔다. 작은 시골길을 따라 하루 세 번 기도 시간에만 공동체에 들어갔고, 나머지 시간은 침묵 속에 지냈다. 복잡하고 시끄럽던 내면은 고요한 바다 같은 떼제의 깊은 침묵을 만나 비로소 진정되기 시작했다. 문득, 나에게 한없는 자유와 안정감을 주는 이곳에 대한 궁금증이 솟아났다. 내 문제에 몰두하느라 놓쳤던 것들이 고요한 수면 위로 떠올랐다. '떼제는 어떤 곳이기에 이렇게 많은 청년들이 찾아오는 걸까?'

　때마침 교회 뒷정리하는 일을 맡으면서 프란치스코 수사를 만났다. 프란치스코 수사는 30대로 보이는 젊은 독일 수사로 스물세 살에 떼제의 수사가 되었다. 그는 먼저 이야기를 꺼내기 전까지 나에게 어떤 개인적인 이야기도 묻지 않았고, 다만 함께 일을 하는 데 집중할 따름이었다. 며칠 뒤 그에게 떼제에 관한 인터뷰를 조심스레 청했는데 선뜻 부탁을 들어주었다. 우리는 저녁 기도가 끝난 고요한 방에서 이야기를 나누었다.

물음　수사님, 처음 이곳에 왔을 때 떼제는 나를 온전히 받아준다는 느낌이 들었습니다. 제가 살던 사회, 대학에서는 느낄 수 없던 것입니다. 떼제의 무엇이 이런 느낌을 주었을까요? 수사님은 어떻게 저와 같은 청년과 관계를 맺어 나가시나요?

응답 우리는 청년들에게 "떼제로 오세요, 떼제 샘으로 오세요, 여기서 멈춰 서서, 목마름을 푸세요. 그리고 다시 자신의 길을 가세요."라고 말합니다. 우리 형제들이 여기 항상 있으니 언제든 와서 머물 수 있다고 합니다. 우리는 할 수 있는 최선을 다해 청년들을 맞이하죠. 그렇다고 해서 청년들과 특별한 관계를 맺으려 하지는 않아요. 대신 청년들과 함께 일하고 살아가는 일에 더 집중하려고 해요.

떼제에서 자유는 중요합니다. 왜냐면 청년들에게는 자유가 중요하기 때문이죠. 청년들과 우리 관계에서도 자유는 중요합니다. 이곳에서 우리는 청년들에게 어떤 생각이나 행동을 강요하지 않아요. 여기에 있는 모든 사람은 자유롭습니다. 이곳에 올 수도 있고 또 떠날 수도 있지요. 우리는 청년들이 머무는 동안 우리가 가진 것을 기쁘게 나눌 뿐입니다.

청년들이 떼제의 자유로운 분위기 속에서 내면의 빛을 따라 고요히 자기 안에 있는 깊고 넓은 세계를 여행할 수 있길 바랍니다.

물음 떼제의 수사들은 청년 말고도 가난한 사람과 난민에게 특별한 애정을 갖고 있다는 얘기를 들었습니다. 어떻게 그들을 돕고 계신가요?

응답 이 공동체가 시작될 때부터 로제 수사에게는 가난한 사람과 함께한다는 목적이 있었습니다. 로제 수사는 세계대전이 있을 당시 자신의 고향인 스위스에서 편안하고 안락한 삶을 누릴 수 있었지만, 전쟁으로 어려움을 겪는 사람들과 삶을 나누기 위해 스위스를 떠나 이곳에 오는 걸 선택했습니다. 그런 로제의 뜻을 이어나가기 위해 우리는 아프리카, 남미에 가서 가난한 이들과 삶을 나누려고 합니다. 하지만 우리는 그들에게 어떤 해결 방안을 제시하진 않아요. 삶은 나누는 것, 함께 살아가는 것이고 우리는 그걸 할 뿐입니다.

물음 떼제는 에큐메니즘ecumenism✦에 속하는 기독교 공동체로 알고 있습니다. 그러면 이들에게 복음을 전하지는 않나요?

✦　교파와 교회를 뛰어넘어 기독교를 하나로 통합하려는 세계 교회주의 및 그 운동을 이른다.

응답　우리는 복음을 전하지 않습니다. 나라마다 사정에 따라 차이는 있지만 세네갈처럼 무슬림 국가에서는 더욱 더 그렇죠. 저희에게는 이들과 삶을 나누는 것이 더 중요합니다. 아우구스티누스가 '사랑하라, 그리고 그대의 마음으로 그것을 보여주라'고 했듯이 우리는 하느님의 사랑을 나눌 뿐입니다.

물음　떼제에서 지내다 보니 점점 로제 수사의 삶이 궁금해집니다. 저는 그가 피살로 돌아가신 그 이듬해 떼제에 와서 책으로만 로제 수사를 만났습니다. 실제 어떤 분이셨나요?

응답　로제 수사는 특별한 분이셨습니다. 천국과 지상을 동시에 느낄 수 있는 분이셨지요. 가난한 사람들을 위한 그의 사랑은 어떤 철학, 사상, 정치적 견해에서 온 것이 아니라 기도 속에서 왔습니다. 그는 하느님에게서 오는 사랑, 이것만을 가난한 사람들과 나누려고 했어요.
하느님과 함께 있다는 것은 나와 하느님, 단둘이만 있겠다는 것이 아닙니다. 하느님과 함께하는 건 세상으로 나가 세상 속에서 사람들과 함께 있는 것입니다. 로

제 수사는 그것을 알고 있었어요. 또한 이 일을 혼자 할 수 없다는 것도 알았죠. 그래서 성서에서 예수가 자신이 부활한 사실을 본 제자들에게 "형제여, 가라 그리고 전하라" 하신 것처럼 로제는 형제들에게 가서 사랑을 전했고, 이것이 떼제의 시작이었습니다.

프란치스코 수사와 이야기를 나누며 처음 이 땅에 로제 수사가 뿌린 사랑의 씨앗은 지금까지도 '함께 살아가는 것'을 통해 꽃을 하나둘씩 피어내고 있음을 느꼈다. 로제 수사는 가난한 사람들뿐만 아니라 아이와 청년을 많이 아꼈고, 청년들이 이 세상의 시련 속에서도 창조적인 힘을 발현할 수 있다고 믿었다. 로제 수사는 단 한 번도 큰소리를 낸 적이 없을 정도로 무척 부드러운 성품을 지녔다고 한다. 그러나 부드러움 안에 본질을 꿰뚫는 힘이 있었고 사람을 끝까지 신뢰하셨다고 한다. 로제 수사를 만날 순 없지만 떼제의 수사들을 통해 그분을 느낄 수 있었다.

◆

나의 집은 어디인가

떼제에서 보내는 마지막 밤, 화해의 교회로 발걸음을 옮겼다. 부활의 신비를 기념하는 촛불의 빛은 아이들의 손에서 수사들의 손으로 또 청년들의 손으로 옮겨갔다. 교회 안은 빛의 물결로 일렁거렸다. 그동안 내가 보아 온 떼제의 수많은 장면들이 빛 위에 출렁거렸다.

한쪽에서 청년들의 이야기를 진지하게 듣고 있는 수사들의 모습이 눈에 들어왔다. 나도 50대 중반쯤 되어 보이는 온화한 미소를 띤 수사를 찾아갔다. 나중에 이분이 로제 수사를 이어 원장 직무를 맡은 알로이스 수사라는 걸 알았다.

내가 다가가자 그는 처음 세상을 만나는 아이처럼 환하

게 웃으며 따뜻한 온기로 내 두 손을 꼭 잡아주었다. 묻고 싶은 질문은 셀 수 없이 많았지만, 따뜻한 손길에 내 안에 있던 긴 이야기가 한 문장이 되어 몸 밖으로 튀어나왔다.

"수사님, 어떻게 떼제의 사랑을 제가 사는 땅으로 가져 갈 수 있을까요?"

알로이스 수사는 강물처럼 반짝이는 눈으로 나를 바라 보며 말했다.

"네가 가지고 돌아갈 것은 없단다. 너의 집에서 하느님 이 너를 기다리고 계신단다. 네가 바라는 세계, 천국은 아주 가까이 있단다."

그러곤 손을 들어 내 머리 위에 축복을 해주었다. 나는 눈을 돌려 주변을 바라보았다. 청년들은 환한 얼굴로 기쁨 의 노래를 부르고 있었다. 우리가 다시 만나지 못하더라도 이 노래와 빛 안에서 서로 이어져 있음을 느꼈다.

떼제의 한 주가 끝나는 날, 배낭을 메고 언덕길을 내려 갔다. 한참을 걷다 뒤를 돌아보니 아스라이 언덕 꼭대기에 작은 마을이 있었다. 내가 누구인지, 어디서 왔는지, 무엇을 하는지 묻지 않고 가슴을 활짝 열어 나를 맞아준 마을.

떼제의 단순한 삶은 내가 스스로에게 씌운 굴레를 알려주었다. 두려움에 떠는 나를 품어주었고, 잠들어 있던 내면의 목소리를 일깨워주었다. 그러고는 어떤 것도 걱정 말고 세상 속으로 들어가 힘차게 너의 길을 가라고 해주었다. 세상 속에서 지칠 때면 언제든 돌아와 샘물에서 목을 축이라고, 우리가 언제나 너를 여기서 기다리겠노라며 저 멀리서 손을 흔들었다.

바람이 불어왔다. 바람은 등 뒤에서 나를 부드럽게 밀어주었고, 나는 누구도 알 수 없는 나만의 길을 찾아 나섰다. 알로이스 수사가 말한 진정한 '집'을 찾아보기로 결심했기 때문이다. 익숙한 장소와 사람들을 떠나, 학교와 도시를 떠나, 내 손과 발의 온기로 나만의 집을 찾는 여행이 시작되었다. 수많은 만남, 흔들림, 깨어짐, 배움을 거쳐 끝에 다다랐을 때 무엇이 나를 기다릴지 그때도 지금도 다 알 수 없지만 그저 한걸음씩 내딛기로 하였다.

바람의 노래

바람이 불어왔다

바람은 등 뒤에서
부드럽게 나를 밀어주었고
나는 길 위에 올라섰다

아무도 가 보지 않은 이 길이
어떤 세상으로 이끌지 알 수 없어
한걸음도 떼지 못하고 있으니
머리 위로
가슴 위로
손발 위로
온몸으로
바람이 불어왔다

나는 바람 속에 서 있었다

그때, 작은 속삭임이 들려왔다
'두려워하지 말라, 걱정하지 말라'

마음은 한결 가벼워졌고
나는 서투른 한걸음을 내디뎠다

2장

어떻게 살고 싶은가

지벤린덴Sieben Linden ✦

독일

✦ 독일 베를린과 함부르크 사이 포파우 지역에 위치한 생태마을이다. 압축한 볏짚을 사용하는 스트로베일 건축strawbale building으로 유명하다. 1997년 지속가능한 삶을 실현하기 위해 세워졌고 현재 아이부터 노인까지 140명의 사람들이 살고 있다. 스트로베일 집짓기, 퍼머컬처permaculture, 혼농임업agroforestry 등 방문자와 주민을 위한 다양한 생태교육 프로그램을 운영한다.

siebenlinden.org

◆

좋아하는 걸 찾아가다

푸르른 여름빛이 쏟아지는 날, 단짝 친구와 함께 자전거를 타고 아름드리 체리나무 수십 그루가 자라는 독일 시골길을 쌩쌩 달렸다. 맨발로 나무를 타고 기어올라 붉디붉은 체리 한 줌을 입에 가득 넣고서는, 아슬아슬 나무 꼭대기에 올라서서 팔을 벌리고 소리쳤다.

"나, 나무랑 하나가 된 것 같아."

우리는 까르륵 웃었다.
한바탕 웃고 난 뒤 자전거를 타고 숲으로 들어가 가랑

잎 더미 위에 풀썩 누웠다. 코로, 입으로, 살갗으로 여름이 들어왔다. 친구는 "지금 이 순간을 평생 잊지 못하겠지."라고 말하며 하늘을 쳐다봤다. 몸과 마음이 온통 여름빛으로 물들어 버린 그 순간을 평생 간직하고 싶었다.

나는 생태마을이라는 길을 따라 독일의 한 작은 마을 뒤편 숲까지 와 있었다. 주변 사람들은 나에게 왜 취업 준비도 하지 않고, 유명한 관광지도 아닌 곳을 여행하는지 물어왔다. 그때마다 '생태'나 '공동체' 같은 낱말을 어찌어찌 나열하며 화제를 넘기기 일쑤였다.

환경 운동이나 특정 종교에 대한 관심 때문에 이런 여행을 다니는지 묻는 사람도 있었다. 나는 정확한 답을 말하기 어려웠다. 한여름 무성한 풀처럼 여러 생각과 감정이 불쑥불쑥 솟구치고 있었기 때문이다. 20대 초반에는 나의 생각과 행동에 대해 어디서부터 어떻게 설명하면 좋을지 모를 때가 많았다. 이제 겨우 알아가기 시작한 이 세계에 대해 어설픈 지식과 언어로 말하는 일이 내키지 않았다. 본래 온전한 것을 조각조각 내는 듯한 기분도 들었다.

여행을 떠나는 대단하고 멋들어진 명분이 내게는 없었다. 진짜 하고 싶은 대답은 딱 한마디 "좋아서"였다. 도착한 마을이 좋아서, 사람이 좋아서, 자연이 좋아서, 그곳을 찾아가는 내가, 우리가 좋았다. 길가에 자라는 풀 한 포기, 돌멩이 하나도 좋았다. 그런데 생태마을로 더 깊숙이 걸어 들어갈수록, 길 위에서 만난 사람과 자연이 뿌려준 씨앗이 내속에서 여물수록, "좋아서"라는 짧은 한마디 안에 어떤 이야기들이 포개졌다.

나는 풀무학교에서 고등학교를 다녔다. 풀무농업고등기술학교가 정식 명칭인 이곳은 전국에서 모인 학생들과 함께 살며, 입시 교육 대신 농사를 짓고 공부도 하는 작은 시골 학교다. 대안학교라는 말이 지금보다 더 낯설던 그때, 주변 사람들은 왜 그런 학교를 다니냐며 이상한 눈초리로 나와 부모님을 바라보았다.

사실 나도 때로는 처음 보는 여러 사람과 살을 부대끼고 사는 것이 버겁게 느껴졌다. 학교를 다니며 마음앓이를 한 적도 있었다. 하지만 그 시절 내가 만난 선생님들과 자연에서 많은 위안을 받았다. 또 입시 공부와 관련 없는 다양한 책들을 읽으며 나만의 꿈을 꾸기 시작했다.

도시를 떠나 버몬트 숲에 들어가 손수 농장을 꾸리며 자연과 더불어 살아간 헬렌 니어링. 작은 티베트라 불리는 라다크에서 이 시대를 비춰줄 섬광을 찾은 헬레나 노르베리 호지. 곧 벌목될 삼나무 한 그루를 지키기 위해 나무 위에서 2년을 살아 낸 줄리아 버터플라이 힐. 가난한 이들의 가슴에 불꽃 같은 사랑을 피워 낸 시몬느 베이유. 폭력과 전쟁에 저항하며 평화를 노래한 존 바에즈.

인간과 인간, 자연과 인간이 조화롭게 사는 세상을 꿈꾸며 자신의 체온으로 한 자 한 자 정성스럽게 써 내려간 이들의 글과 노래를 읽고 또 읽었다. 학교를 졸업하고도 이들의 숨결에 더 가까이 다가가고 싶어 원서의 문장을 공책에 베껴 써 가며 다시 읽기도 했다. 이들의 어떤 점이 나를 그렇게 끌어당겼을까?

나와 같은 여성이라는 점, 젊은 시절 내면 깊은 곳에 있는 빛을 찾고 자신의 삶을 창조한 점, 의도하든 의도치 않았던 이들의 삶이 한 개인의 영역에 그치지 않고 다른 존재들, 특히 지구에 선한 영향력을 미쳤다는 점이 매력적이었다.

그들은 지금 이 세계를 작동시키는 힘의 논리에 굴하지 않았고 자기보다 작은 생명을 함부로 해치지 않았다. 오로지 내면에서 나온 또렷한 빛을 따라 살아갔고 그 빛으로 세상을 변화시켰다. 이들이 삶을 통해 일으킨 물결, 마치 낮은 곳에서 일어나는 부드러운 혁명과도 같은 그 물결은 나의 내면을 잔잔히 흔들었다. 그러다 마침내 나를 생태마을까지 오게 하였다.

◆

즐거운 노동

단짝 친구와 함께 찾은 독일의 생태마을, 지벤린덴Sieben Linden은 독일어로 '보리수 일곱 그루'라는 뜻이다. 이 마을은 과거 동독이었던 함부르크와 베를린 사이에 위치한 포파우라는 지역에 있다. 어른 100명, 아이들 40명이 어우렁더우렁 살아가며, 구성원 대부분은 독일인이다. 약 24만 평의 너른 땅에는 스트로베일 건축법으로 지은 집들이 마을 가운데 여기저기 늘어서 있다. 뒤편으로는 침엽수와 활엽수가 어울려 자라고 앞쪽에는 너른 밭이 펼쳐져 있다. 내가 갔을 때는 붉은 야생 구스베리와 라즈베리가 풀숲 여기저기서 여물어 갔다.

우리는 방문자들을 위한 프로그램인 국제체험주간 International Experience Week에 참가했다. 이곳에서 가장 먼저 한 일은 이글이글거리는 태양 아래서 온몸으로 땀을 흘리는 노동이었다. 지벤린덴은 독일에서 스트로베일strawbale을 활용한 건축으로 유명하다. 우리 역시 이 공법으로 집을 짓는 프로그램에 참여했다.

여러 대륙에서 찾아온 40여 명 되는 사람들이 너른 마당에 원으로 둘러섰다. 이들은 우리처럼 마을을 경험하러 온 방문자이거나 건축 기술을 배우러 온 학생, 장기 봉사자들이었다. 숲에서 불어오는 시원한 바람을 맞으며 잠시 명상을 한 뒤 돌아가며 자기소개를 했다. 이후 개인의 몸 상태에 따라 일을 나누고 힘찬 발걸음으로 집 짓는 현장으로 나섰다.

현장에 도착하니 우리가 맡은 이층집은 이미 골조와 벽이 세워져 있었고, 붉은 기와도 지붕 위에 가지런히 놓여 있었다. 안으로 들어가자 마치 볏짚을 뒤집어쓴 것 같은 북데기와 풋풋하고 구수한 냄새가 공간을 가득 채웠다. 성별과 나이에 관계없이 사람들은 망치를 두드리고 드릴을 사용했다. 몸에 힘이 들어갈 때면 태양에 그을린 피부 위로 단단한 근육들이 올라왔다.

대학교 1학년 여름 방학 때 흙집 짓는 일을 도와본 경험은 있지만, 내가 정말 다른 사람의 집을 지을 수 있을지 걱정이 앞섰다. 다행히 마을 사람들이 연장 사용법은 물론, 반복된 질문에도 지치지 않고 자상하게 일하는 법을 설명해 주었다. 덕분에 두려움은 이내 사라졌고 나도 두 팔을 걷어붙이고 일을 시작했다.

전문적이고 정교한 일은 숙련된 마을 사람이 했고 집을 처음 짓는 나 같은 사람은 주로 힘쓰는 일을 했다. 가장 먼저 압축된 볏짚으로 쌓은 벽의 빈틈에 짚 뭉치를 채워 넣고, 넓적한 쇠로 꾹꾹 밀어넣었다. 이 과정이 끝나면 근처 산에 있는 흙을 퍼서 외발 수레에 담고 날라, 흙과 돌을 구별해 채에 거르고 개어서 벽체를 미장했다.

스트로베일 공법은 나무로 골조를 세우고 기계로 압축한 정육면체 모양의 볏짚 등으로 벽을 쌓은 뒤 그 위에 황토로 미장을 하는 방식이다. 볏짚의 특성 때문에 단열이 잘되고, 누구나 기술을 조금만 익히면 스스로 집을 지을 수 있다는 장점이 있다. 같이 일하던 마을 사람들은 건축 자재의 70퍼센트 이상이 이 지역에서 온 것이라고 했다. 하지만 스트로베일 공법의 건물로 정부에서 건축 허가를 받는 과정은 길고 고단한 여정이었다고 한다. 이곳에는 유럽 최초로

3층까지 지은 스트로베일 집이 있었다.

일이 끝나면 온몸에 볏짚이 잔뜩 묻었고 쿰쿰한 볏짚 냄새가 났다. 평소 안 쓰던 근육을 사용하니 몸이 결리기도 했다. 어느 날은 일이 끝나기가 무섭게 방으로 달려와 곯아 떨어졌다. 더운 한낮에는 쉬면서 마을 구경을 할 때도 있었지만, 너무 피곤한 나머지 마을 사람들의 입에서 나오는 거센 독일식 영어마저도 자장가처럼 들려 걸으면서 꾸벅꾸벅 졸기도 했다.

볏짚 내음과 흙내음이 손톱 사이에 배어들고, 뙤약볕에 얼굴이 발갛게 익어가면서 점점 몸에 일이 붙기 시작했다. 머릿속에 일던 온갖 생각이 사라졌다. 어떤 때는 머리가 텅 빈 것처럼 맑아지는 기분도 들었다. 한적한 시골 마을에 일정한 간격으로 탕탕 울리는 망치질 소리, 흙을 체에 거르는 소리가 리듬처럼 울렸다.

서늘한 공기가 찾아오는 저녁에는 작은 오두막으로 들어가 숲에서 가져온 나무로 불을 때고 난로 위에 물을 뿌려 뜨거운 수증기로 몸을 데우는 독일식 사우나를 했다. 그러고 나서 밖으로 나와 뜨거워진 몸에 차가운 물을 끼얹고 숲에서 불어오는 시원한 바람을 맞으면, 뼛속까지 민트 스프레이를 뿌린 것처럼 온몸이 시원했다.

노동, 지벤린덴에서 거행한 첫 번째 환영식은 그동안 잠들어 있던 몸속 세포를 깨워냈다. 뜨거운 햇살 아래 땀을 흘리니 몸의 감각이 살아나고 가뿐해졌다. 이제 이 마을이 어떤 곳인지 받아들일 준비가 된 듯했다.

생태적으로 살아 보기

1990년대 전 세계적으로 환경 문제의 심각성은 커져만 갔고, 사람들은 지속가능한 삶의 방식을 고민하기 시작했다. 베를린 장벽은 무너졌지만 독일 사회에서는 공동체에 대한 열망이 흐르고 있었다. 지벤린덴을 처음 시작한 15명은 사회생태학적 거주지socio-ecological settlement를 모토로 지속가능한 삶을 꿈꾸었다. 이들의 꿈은 많은 사람의 도움과 염원으로 8년간의 긴 준비 끝에 1997년에 비로소 실현될 수 있었다.

지벤린덴 사람들은 마을 이름 앞에 'Ökodorf', 독일어로 생태마을Ecovillage이라는 말을 붙이곤 했다. 하지만 그들은 방문객들에게 생태마을을 말로 설명하기보다, 스스로 그 의미를 찾고 확인하는 기쁨을 누리길 바랐다.

가장 먼저 와닿은 건 바로 생태 화장실compost toilet이었다. 우리가 머물던 건물의 모든 화장실에는 물을 내리는 손잡이 대신 큰 검은 고무통이 보였다. 그 안에는 톱밥이 가득 들어 있었다. 볼일을 본 뒤 톱밥을 퍼서 변기에 넣는 방식이었다. 걱정과 다르게 화장실에서는 역한 냄새가 아닌 나무 냄새가 났다. 변기 아래에 있는 통이 다 차면 숲으로 가져갔다. 마을 사람은 퇴비 더미를 보여주면서 이렇게 말했다.

"우리의 몸 밖으로 빠져나간 모든 것이 마른 풀과 섞이고 미생물을 만나면 뜨거운 열을 냅니다. 그리고 시간이 지나면 검은 흙이 되어 밭으로 가지요."

내가 먹은 생명이 몸을 통과해 알 수 없는 어딘가로 흘러가 다른 생명을 고통받게 하는 것이 아니라, 자연의 신비한 연금술을 거쳐 검고 부슬부슬한 퇴비가 되어 다시 땅으로 돌아간다는 사실이 꽤 멋지다는 생각이 들었다.

이곳 사람들은 화학 성분이 들어간 화장품, 치약, 샴푸,

비누, 세제를 일체 쓰지 않았다. 마을에서 나오는 모든 생활하수는 큰 갈대밭으로 보내지고, 갈대 뿌리에 있는 박테리아가 하수를 분해하면 그 물을 다시 사용할 수 있었다. 이런 하수 정화 방식은 갈대밭 시설이라고 불린다. 마을 아이들은 숲속유치원에서 돌아와 알몸으로 갈대밭 옆 웅덩이에 풍덩풍덩 뛰어들었다. 아이들이 수영을 하거나 내가 쓰고 마시는 물이라 생각하니, 화학 성분이 잔뜩 들어간 샴푸나 화장품을 더욱더 쓸 수 없었다. 머릿결은 거칠어지고 얼굴에는 기미가 올라오기 시작했지만 예전으로 돌아갈 수는 없었다.

마을 사람들에게서 유행이라고는 찾아볼 수 없었다. 천연 염색한 면으로 지은 옷을 입기도 했고 맨발로 걸어 다니는 사람도 더러 있었다. 아이들은 발가벗은 채 뛰어다녔고 여자들은 브래지어를 하지 않았다. 나도 용기를 내어 브래지어를 하지 않고 입고 싶은 대로 입고 다니기 시작했다. 처음에는 어색했지만 나 말고는 아무도 신경 쓰지 않는 걸보면서 무거운 옷을 한 겹 벗어 버릴 수 있었다. 뜨거운 여름에 얇은 옷 한 장만 걸친 몸은 이루 말할 수 없이 가벼웠다. 발걸음도 더 당당해지는 것 같았다. 그동안 내가 살던 사회에서 두꺼운 껍질 속에 감추던 맨얼굴, 맨살이 밖으로 나와 숨을 쉬자 몸과 마음이 날아갈 듯했다.

이곳 사람들은 채식을 했다. 공동 식당에서는 채식 요리가 나왔고, 재료는 마을 농장과 지역에서 퍼머컬쳐나 유기농업으로 길러진 것이었다. 매끼 마을 사람들이 돌아가며 만드는 여러 나라의 채식 요리를 맛보는 재미가 쏠쏠했다. 하지만 익숙지 않은 음식들이라 처음에는 생태 화장실을 자주 들락거리는 고충도 있었다.

어느 날은 엉겅퀴를 뽑아서 외발수레에 싣고 가는 길에 갈색 뱀을 보고 깜짝 놀라 소리를 질렀다. 그랬더니 옆에 있던 마을 사람이 이렇게 말했다.

"뱀은 신성한 생물이니 전혀 두려워하지 말아요. 알려지지 않은 고대 신화에서 뱀은 신성함을 상징해요. 뱀을 보았으니 좋은 일이 생길 거예요."

이 말에 나는 더 놀라고 말았다. 이들은 꿀벌, 뱀, 두더지 같은 작은 생명도 귀하게 여겼다. 숲에 가면 마을 사람들이 만든 도깨비 모양을 한 곤충집이 있었다. 이들은 핸드폰이나 인터넷 와이파이도 사용하지 않았는데, 전자파가 꿀벌의 꽃가루받이 과정을 방해한다는 사실 때문이었다.

전혀 다른 문화를 살아온 독일인들 틈에서 더듬이를 세워 생태마을을 살아 보는 일이 쉽지만은 않았다. 도시에 있을 때보다 몸을 더 많이 움직여야 했고, 컴퓨터 자판 대신 흙, 풀, 나무를 손으로 만져야 했다. 에어컨 바람은커녕 뜨거운 태양 아래서 보내는 시간이 훨씬 더 많았다.

이렇게 몸은 고단했지만 밭과 숲에서 작은 생명을 만날 때면 이상하리만치 기쁜 감정이 자주 올라왔다. 기쁨이 눈, 코, 귀, 입, 살 속으로 자꾸 들어왔다. 나는 큰 소리로 깔깔거리며 웃는 일이 많아졌다.

여기서 사귄 사람들과 나누는 이야기는 세상에 대한 시야를 훨씬 더 넓혀주었다. 캐러밴을 타고 여행을 다니는 음악가 부부. 방송국 피디를 그만두고 마을에 내려와 농사와 요리를 하며 다큐멘터리도 찍는 미샤. 자신을 떠난 흑인 아내의 아이를 마을 사람과 함께 기르는 독일인 아저씨. 이스라엘 키부츠에서 살며 마을 운동을 하는 청년. 스트로베일 건축가로 직업을 바꾼 의사 부부. 이들이 살아가는 이야기 속에는 어떤 겉치레도 없었다. 그저 자기 삶 속에서 다져진 알맹이들만 모여 있었다.

서울에서 혼자 이렇게 살라고 했으면 반나절도 안되서 분명 포기했을 것이다. 그런데 이들과 함께 있으면, 내가 살아오던 방식과 전혀 달랐음에도 어렵지 않게 이곳의 삶을 살아낼 수 있었다. 나는 생태나 환경에 큰 관심이 없었고 다른 사람들과 함께 있는 것보다 혼자가 더 편한 사람이었다. 그런데 생태마을에서는 내 가슴속 진실한 이야기를 나눌 수 있는 사람들을 만날 수 있었다. 그리고 한국의 시골과는 또 다른 형태로 자연의 아름다움을 느낄 수 있었다.

◆

급진적 생태주의자들과 만나다

지벤린덴을 온몸으로 만날 수록 이곳 사람들은 독일에서 훨씬 더 물질적으로 편안한 삶을 누릴 수 있었을 텐데, 왜 자발적으로 이런 삶을 선택했는지 의아했다. 최근 한 생태마을에서 만난 여성은 이렇게 말했다.

"죽기 전 손자들에게 무엇을 남겨주고 떠날지 생각해보았어요. 분명 돈은 아니었어요. 저는 아이들이 지구의 아름다움을 누릴 수 있으면 좋겠다고 생각했어요. 그래서 제가 살아 있는 동안 지구를 좀 더 나은 방향으로 변화시키는 일에 함께하고 싶었어요."

어려서부터 나도 수없이 미디어, 책, 학교를 통해 지구가 위기에 처해 있다고 배웠지만 그런 배움이 근본적으로 내 행동을 바꾸지는 못했다. 자라온 환경이나 교육의 차이가 있을 테지만 그들과 나 사이에 다른 무언가가 있을지도 모른다는 생각이 들었다.

그러던 중 이 마을에 급진적인 생태주의자들이 있다는 이야기를 들었다. 이들은 '클럽 99'라고 불렸다. 지벤린덴에서는 정치적 성향이 같은 사람들, 공동 육아를 원하는 사람들, 독신으로 살고 싶은 사람들, 삼 세대가 함께 살고 싶은 사람들 등등 공통 관심사가 있는 사람들이 함께 주거 공간을 공유했다. '네이버후드Neighborhoods'라고 불리는 방식이었다. 클럽 99도 그런 네이버후드 가운데 하나이다.

마을 사람들은 이들을 묘사할 때 '레디컬radical'이라는 단어를 썼다. '과격, 철저한, 근본적인, 급진적인'이라는 뜻이었다. 클럽 99는 유제품과 달걀을 포함해 모든 동물성 식품을 먹지 않는 완전 채식주의자vegan였고, 화석연료 대신 태양열 에너지와 숲에서 나온 장작만을 사용하며, 농사를 지을 때도 말로 쟁기를 끌어 밭을 간다고 했다.

이들의 삶은 홀로 깨달음을 얻기 위해 깊은 산속으로 들어간 수행자의 삶처럼 왠지 고단하고 외로울 것만 같았다. 당연히 나와는 너무 멀게 느껴졌다. 그러나 클럽 99 사람들을 직접 만나면서 생각이 달라졌다.

흐린 오후, 호기심 가득한 눈으로 이들을 찾아갔다. 스트로베일 이층집 갈색 흙벽에 동그란 무지갯빛 지구가 그려져 있었다. 집 안은 마치 수도승들이 사는 곳처럼 평화롭고 고요한 분위기를 자아냈다. 이들은 생태나 환경에 대한 긴 설교를 하지 않았고, 자신들을 생태주의자로 소개하지도 않았다. 대신 따뜻한 차 한잔을 먼저 건네고 찻잔을 마주하여 나와 친구들의 질문에 다정히 이야기를 들려주었다.

이 집을 어떻게 지었냐는 질문에 집을 지을 당시 사진을 보여주었다. 사진 속에는 옛날 사람들이 집을 짓는 방식처럼 나무 사다리를 사용해 들보에 올라가서 일하는 사람, 나무로 만든 큰 도르래를 이용해 2층 골조를 쌓는 여성의 모습이 보였다. 집을 지을 때 전기와 기계를 전혀 사용하지 않았고, 모든 건축 자재는 이 지역에서 나왔다고 했다. 기계 소음이 전혀 들리지 않는 곳에서 묵묵히 일하는 이들의 모습이 떠올랐다.

왜 이런 삶을 선택했냐는 질문에 한 남자가 대답했다.

"기후변화 때문이었어요. 그 심각성을 깨닫고서 마냥

바라볼 수만은 없었어요. 우리는 기후변화의 가장 큰 원인인 탄소 배출을 최소로 하는 삶의 방식을 찾기 시작했어요."

이들은 기후변화에 큰 영향을 미치는 초국가적 거대기업으로부터 일상생활을 자립시키려 노력했고, 기후변화에 관련된 정치나 기업의 행보를 유심히 살피며 관련 시위에도 적극적으로 참여했다. 더불어 이 마을에서 '오프 더 그리드off the grid', 즉 전기와 상수도 등 외부 공공시설의 에너지를 사용하지 않고 가장 적극적으로 자립을 실천하는 그룹이었다. 대화 중에 스치듯이 기후변화에 대해 공부하고 싶다 말했는데, 그 말을 잊지 않고 며칠 후 조용히 다가와 내게 공부 자료를 건네주기도 했다.

이야기 속에 묻어 나오는 이들의 진지한 삶이 나를 돌아보게 만들었다. 지금과 같은 방식으로 인류가 생존하기 어렵다는 것을 알면서도 나는 컴퓨터 스크린으로 불타고 베이는 숲을 보며 발을 동동거리기만 했다. 또 비좁은 공간에서 잔인하게 죽어가는 동물을 보면서도 큰 마트에서 아무렇지 않게 고기를 집어 들었다.

하지만 이들은 나와 달랐다. 현실에 절망하거나 무력

감에 사로잡히지 않고, 스크린 밖 현실 세계에서 묵묵히 움직였다. 왜 이런 문제들이 벌어지는지 살피고 문제의 근본으로 걸어 들어갔다. 재로 덮인 숲에 나무 한 그루를 심었고 고기를 먹지 않으며 야생동물의 보금자리를 돌보는 삶을 선택했다. 다른 사람을 설득하기 전에 자신의 삶을 바꿔나갔다.

한 프랑스 다큐멘터리 감독과 지속가능성에 대해 이야기를 나눴던 것이 떠올랐다.

"지속가능한 삶을 산다는 것은 지금 내가 하는 행동이 내 앞의 일곱 세대에 어떤 결과로 이어질지 고민하며 나의 행동을 결정하는 것을 의미해요."

클럽 99의 모든 행동은 자신들이 만나지도 못할 먼 미래에 초점을 맞추고 있었다. 이들이 살아가는 방식은 어떤 사람 눈에는 과격하고 불편해 보일 것이다. 하지만 내 눈에는 지구에 닥친 위기를 수많은 말 대신 자기 자리에서부터 근본적으로 해결하려는 행동으로 보였다. 머지않은 미래, 기후변화로 인류가 위기를 겪을 때 이들의 삶이 지구에 작은 힘이 되길 간절히 바랐다.

이들을 만나고 마을을 알아갈수록 내가 안다고 믿었던 것들이 무너져 내렸다. 동시에 사회에서 버티기 위해 안간힘으로 나를 누르고 있던 무언가가 몸 밖으로 서서히 빠져나가는 것 같았다.

✦

심층생태학 프로그램

마을에서 특정한 종교적 신앙이나 정치적 신념을 이야기하는 사람은 없었지만, 마을 사람들의 삶을 지탱해주는 정신적 힘이 느껴졌다. 마을에서 열린 심층생태학Deep ecology이라는 프로그램을 들으며 그러한 지혜의 빛을 잠시 마주할 수 있었다.

붉은 구스베리들이 들꽃들 사이에서 투명하게 빛나는 아침, 전 세계에서 찾아온 50여 명의 사람들이 하얀색 타원형 게르 안에 모여 둥그렇게 둘러앉았다. 안내자는 지벤린덴의 가비 보트였다. 참가자들은 돌아가면서 자신을 소개하고 현재의 느낌을 나누며 프로그램을 시작했다.

이후 안내자가 참가자에게 질문을 알려주면, 둘씩 짝을 지어 한 사람이 자신의 음성으로 그 질문을 던졌다. 그리고 나머지 한 사람이 가만히 생각하는 침묵의 시간을 가진 뒤 질문에 답을 했다. 첫 질문이 시작되었다.

"당신은 일곱 세대 전 지구에서 살았던 조상입니다. 지금 지구를 보면 어떤 느낌과 생각이 드시나요? 지금 지구에서 살아가는 자손에게 어떤 이야기를 들려주고 싶나요?"

나와 짝을 이룬 여성은 조용히 감았던 눈을 뜨고 이야기를 시작했다. 슬픈 눈빛으로 나를 바라보며 현재 지구에 닥친 절망적인 상황을 표현했다. 그리고 마지막으로 제발 아직 늦지 않았으니 희망을 찾아달라고 간절히 얘기했다. 건너편의 누군가는 눈물을 흘리기도 했다. 이런 분위기가 낯설었지만, 마음을 다잡고 집중하려 노력했다.

내 차례가 돌아왔다. 가비는 낮고 깊은 음성으로 다시 질문했다.

"당신은 일곱 세대 뒤에 지구에서 살아갈 후손입니다.

지금 지구를 보면 어떤 느낌과 생각이 드시나요? 지금
지구에서 살아가는 조상에게 어떤 이야기를 들려주고
싶나요?"

단 한번도 내가 지구를 떠난 다음의 모습을 진지하게
떠올려 본 적이 없었다. 나 혼자만으로도 세상살이가 벅차
게 느껴진 적이 한두 번이 아니었다. 하지만 눈을 가만히 감
고 질문에 편안히 집중해 보았다. 싱잉볼 소리가 울려 퍼지
면서 사람들은 깊은 고요 속에 잠겼다. 스르르 내 머리 위
로 어느 소년의 얼굴이 떠올랐다. 누구의 얼굴일까 한참을
생각하다, 몇 년 전 여름밤 사진 속에서 본 얼굴이라는 것이
생각났다.

고등학생 때 풀무학교에는 일주일에 한 번씩 외부 강사
가 오는 수업이 있었다. 그날은 콜롬비아에서 막 돌아온 젊
은 여성 환경운동가가 우아U'wa족 이야기를 들려주었다. 우
아족은 유럽이 아메리카를 침략하기 전부터 지금의 콜롬비
아에 살고 있는 부족이었다. 이들은 최근까지 땅을 소중히
여기고 야생성과 전통을 지키며 살았다. 그런데 미국 석유
기업 옥시덴탈 페트롤리움은 석유 개발을 목적으로 이들을
쫓아내려고 했다. 우아족에게 석유를 뽑아내는 행위는 어

머니 지구에서 피를 뽑아내는 것과 다름없는 것이었고, 이들은 극렬히 저항했다. 이 과정에서 우아족 아이들은 처참히 죽어나갔다.

절망의 이야기가 오가는 동안, 나는 커다란 나뭇잎 사이로 얼굴을 내민 우아족 소년의 맑은 눈망울과 마주쳤다. 그 순간 갑자기 가슴이 메어 강의가 끝나기까지 아무 말도 할 수 없었다. 한 친구는 이들을 위해 우리가 할 수 있는 일은 무엇이냐고 질문했고, 강사 분은 이 사실을 다른 사람들에게 알리는 것 그리고 기도라고 했다. 우리가 진심으로 이들을 위해 기도한다면 보이지 않는 힘이 모여 그들을 지켜낼 거라고 말했다. 그날부터 나는 우아족을 위해 매일 밤 기도했고, 1년 후 옥시덴탈 페트롤리움이 석유 개발을 멈췄다는 소식을 들었다.

오랜 시간이 지나 이곳 지벤린덴에서 우아족 소년의 얼굴이 다시 떠올랐다. 그 뒤로 수많은 아이들의 얼굴도 나타났다. 아이들의 지친 얼굴과 고통스러운 목소리가 들리는 듯했고 마음 한편이 저려왔다. 마치 시간과 공간을 넘어 이들과 내가 연결된 것처럼, 그들의 슬픔이 가슴 깊이 느껴졌다. 나는 한동안 눈을 뜰 수 없었다. 한참 후에야 내가 느낀 것을 앞에 있는 여성에게 말할 수 있었고 우리 눈가에는 눈물이 맺혔다. 이야기가 끝나고도 우리는 오랫동안 서로의 눈동자를 바라보았다.

질문 시간이 끝나고는 우리가 평소 쓰지 않던 감각을 사용해서 자연을 느끼는 프로그램과 자연의 입장에서 이야기를 나누는 만물협의회Council of All Beings 시간을 가졌다. 전혀 다른 시각과 감각으로 자연과 사람들을 만나던 그 순간 내 안에서 잠자던 어떤 것들이 깨어나는 느낌이 들었다.

여름 햇살이 서쪽 들판으로 내려앉고, 게르 안 사물들의 빛이 점점 짙어질 무렵 모든 프로그램이 끝났다. 그제야 진행자인 가비는 자신이 왜 심층생태학에 관심을 가지게 되었는지 들려주었다.

"저는 정치에 관심이 컸습니다. 정치가 새로운 세상을 만드는 중요한 역할을 한다고 생각했어요. 하지만 정치만으로 세상이 바뀔 수 없다는 것을 깨달았어요. 정치는 세상 밖의 평화와 정의를 구현하는 일이지만, 개인의 내면의 평화와 연결될 때 올바른 힘을 발휘할 수 있다고 느꼈어요. 그래서 정치와 영성이 분리되어서는 안 된다는 생각을 하던 중 미국의 생태철학자이자 환경운동가인 조안나 메이시를 만나 심층생태학을 공부했지요."

심층생태학은 노르웨이의 철학자 아레나 네스가 창시한 철학이다. 조안나 메이시는 불교와 북미 원주민의 지혜에서 영감을 받아 심층생태학에 기반을 둔 교육 프로그램 개발하여 사람들에게 알리기 시작했다. 심층생태학은 인간이 자연을 자신의 욕망을 충족시키는 자원으로만 인식하기 시작하면서 생태계 위기가 초래되었다고 봤다. 인간이 자연과 연결된 감각을 잃어버리면서 무차별적으로 자연을 파괴하기 시작했다는 것이다.

조안나는 지금 인류에게 큰 위기가 닥친 것은 분명하지만, 현대의 많은 사람들이 잃어버린 우리 안의 지성을 일깨운다면, 지금까지 세계가 움직인 방향과는 전혀 다른 거대한 전환The Great Turning을 일으킬 수 있다고 말한다. 여기서 지성의 핵심은 다른 존재의 고통에 응답하는 힘, 바로 연민이었다. 인간이 다른 존재의 고통을 함께 느끼고 그들과 연결되면 우리 안에 잠들어 있던 치유의 힘이 발현된다. 이 힘이 병든 자신과 다른 존재를 함께 치유하고, 우리를 새로운 차원의 삶으로 나아가게 해준다는 것이다.

조안나 메이시는 체르노빌 원전 사고로 희생된 느릅나

무를 애도하는 느릅나무Elm Dance춤을 만든 사람이다. 그는 인간들이 방사선 피폭을 피하고자 인공 강우를 내려 느릅나무 숲을 파괴하는 것을 보며 온몸으로 아파했다. 그러곤 고통받는 나무를 위로하는 춤을 추기 시작했다. 이 춤을 통해 느릅나무의 희생과 핵 발전의 위험성이 세상에 더 널리 알려졌다. 세계의 많은 사람들은 지금도 느릅나무를 위로하고, 자연과 인간의 회복을 기원하는 치유의 춤을 춘다.

모든 프로그램이 끝나고 사람들과 모닥불 주변에 모였다. 여름 밤공기가 숨결을 따라 몸으로 들어와 몸속에 쌓인 긴장을 풀어주었다. 우리는 원으로 둘러서서 젬베 박자에 맞춰 북미 원주민들의 노래를 불렀다.

밤하늘을 올려다보니 검푸른 하늘 사이로 반달이 얼굴을 내밀었다. 그 위로 우아족 소년의 얼굴이 겹쳐졌다. 어쩌면 그 소년이, 우아족을 향한 내 작은 소망이, 나를 이 길로 이끌었는지도 모른다는 생각이 들었다. 맨발로 서니 발밑의 흙과 땅이 분명하게 느껴졌다. 대지의 고동 소리가 두근두근 울리는 듯했다.

♦

세계는 연결되어 있다

7월이 되자 마을로 사람들이 몰려들었다. 유럽 전역뿐만 아니라 아메리카, 오세아니아 대륙에서 어린이, 젊은이, 노인 들이 이곳을 찾아왔다.

우리는 마을 사람들을 도와 땅에 구덩이를 파서 간이 화장실을 만들고, 나무로 샤워 시설을 설치해 새로운 방문객을 맞았다. 너른 들판과 숲에 텐트가 세워지면서 어느새 마을은 또 하나의 세계가 되어 갔다. 곧 다가올 신나는 축제를 기다리는 듯 마을은 들썩거렸다.

전 세계에 걸쳐 지벤린덴과 같은 생태마을들이 있다. 이런 생태마을들을 묶어주는 네트워크 조직인 세계 생태마을 네트워크Global Ecovillage Network가 있고, 흔히 젠GEN이 라 부른다. 젠의 주관으로 전 세계 생태마을에서는 권역별 로 1년에 한 번씩 만남의 장이 열린다. 유럽 권역에서는 해 마다 여름에 콘퍼런스가 열리는데, 그해 유럽 콘퍼런스를 개최한 곳이 지벤린덴이었다.

여름 햇살이 쏟아져 모든 세상이 반짝이는 아침, 300 명이 넘는 사람들이 원으로 둘러섰다. 유명 연사의 기조연 설 대신 한 사람씩 눈을 마주치며 인사를 나누고 다 함께 노래를 불렀다.

"한 사람 한 사람, 우리 모두가 여기에 모였어요. 한마 음으로, 우리가 이 세상을 치유하러 왔다는 것을 기억 하기 위해서지요."

맨발로 땅을 걸으며 천천히 눈으로 인사를 나눴다. 처 음 보는 사람들이었지만 우리는 반가움을 감추지 못했다. 지금 여기서 부르는 노래가 각 대륙에서 찾아온 이들의 발 걸음을 따라 땅 아래로 내려가 지구 반대편에 있는 숱한 생 명에게 닿을 거라 생각했다. 노래에 응답하는 수많은 생명 들이 보내는 신호들이 이 땅에도 닿는 듯했다.

노래가 끝나고 남아프리카 출신의 젠 대표 코샤 쥬베르트가 등장했다. 코샤는 젠 최초의 여성 대표로서 당당하고 아름다운 사람이었다. 코샤가 각 나라의 이름을 부르면 나라별로 사람들이 원 가운데로 모여 인사를 했다. 오랫동안 그리워하던 영혼의 친구들을 만난 것처럼, 손을 흔들고 함성을 지르며 서로를 뜨겁게 환영했다.

나흘 동안의 콘퍼런스에서 우리는 새로운 세상에 대해 얘기했다. 생태계 파괴, 자본의 논리만이 팽배한 사회, 과학과 영성이 분리된 이 세계에서 어떻게 지속가능한 삶을 개인과 공동체의 단계에서 실현할지 함께 궁리했다. 생태마을 대표들은 이를 실현하기 위해 생태, 경제, 문화, 사회 영역에서 시도한 다양한 시스템과 교육 프로그램을 서로에게 소개했다. 이를 바탕으로 생태마을끼리 연대할 방법도 모색되고 있었다.

연구소, 기업, NGO, 유네스코에서 온 연구자, 교수, 기업가, 실무자 들도 함께 참여하여 생태마을이 지향하는 가치가 개인과 마을을 넘어 더 큰 단위인 지역 사회, 기업, 국가와 어떻게 연결될 수 있는지 고민했다. 그리고 새로운 세상에 대한 비전보드vision board를 함께 그려 나갔다.

다양한 워크숍 사이사이로 시, 노래, 춤 등의 예술 프로그램이 진행되었고, 안내자들의 도움을 받으며 여러 형태로 토론의 장이 펼쳐졌다. 우리는 끊임없이 이야기를 나눴고 노래를 부르고 춤을 추며 울고 웃었다. 대학 강의실이나 화려한 콘퍼런스 회의실 대신 풀밭, 흙바닥, 숲에서 자신이 가진 것을 아낌없이 나누고 기쁘게 받았다. 나는 애타게 비를 기다리던 나무가 큰비를 만난 것처럼, 그동안 한국 사회나 대학에서 경험하지 못했던 것들을 얻으며 갈증을 해소했다.

콘퍼런스에 소개된 생태마을은 저마다 개성이 넘쳐났다. 전 세계에 지벤린덴과 같은 생태마을들이 만 개 이상 존재한다는 사실을 알고서 깜짝 놀랐다. 각 생태마을은 다국적 기업처럼 한 가지 모양의 상품만을 찍어내지 않았고, 사람이나 자원을 독식하려 들지도 않았다. 오히려 서로의 다양성을 진심으로 축복했다.

생태마을은 지구 곳곳에 피어난 작은 들꽃처럼 쉽게 눈에 띄지 않지만, 그 속에 커다랗고 푸릇푸릇한 우주를 품은 존재였다. 이들은 마치 이 땅을 치유하러 내려온 녹색 요정들처럼 세계 곳곳에 새로운 길을 내고 있었다. 나는 오랫동안 기다리던 작은 지도 하나를 발견했다고 생각했다. 콘퍼런스가 끝나갈 무렵에는 이 세계를 더 탐험하고 싶은 호기심과 모험심이 가슴속에 솟구쳤다.

여름이 더 여름다워지는 7월의 끝자락, 지도 속 세계로 직접 떠날 준비를 시작했다. 친구와 함께 다음 목적지로 떠날 생각을 하니 마음이 쿵쾅거렸다. 우리 앞에 어떤 일이 닥칠지 전혀 알 수 없었지만, 지벤린덴에서 발견한 작은 지도가 손에 있어 두렵지 않았다.

땅의 노래

반달이 얼굴을 쏙 내밀었다

내 가슴속 작은 소망이
이 길로 이끌었다는
느낌이 스쳐갔다

발아래 땅이 느껴졌다
땅의 고동 소리가
두근두근
두 발을 타고 울려왔다

여름밤이 깊어갈수록
소리는 커져갔고
내 심장도
내 작은 소망도
지구의 고동 소리에 맞춰
뛰기 시작했다

✦

3장

평범한 삶에도
가치가 있을까

토리Torri ✦

─────────

이탈리아

|||||||||||||||||||||||||||||||||||||||||||||||||||||||||||||||||||||||||||||||||||||||||||||||||||||||||||||||||||||||||||||||||||||||||||||||||||||||

✦　　프랑스 국경에 인접한 이탈리아 북서부 리구리아 주에 위치한 작은 지중해 마을이다. 1989년 생태마을과 공공문화센터를 만들기 위해 버려진 중세 마을을 복원하면서 생겨난 곳이다. 마을을 둘러싼 독특한 중세 건축물, 지중해 바다, 알프스 산맥 등 아름다운 자연과 유적지로 알려져 있다. 어른과 아이 20여 명이 살고 있으며 해마다 예술가, 여행가, 봉사자 등 전 세계 많은 이들이 방문한다.

php7.torri-superiore.org

◆

친구를 만나러 가는 길

　지중해 바다가 보였다. 이른 아침부터 프랑스 니스 역을 떠나 한참을 달린 기차는 해안선을 따라 굽이굽이 이탈리아로 나아갔다. 바다로 쏜살같이 달려든 여름 햇살이 파도 위를 힘차게 튀어 올라 수천 가지 빛깔을 온 세상에 쏟아냈다. 일렁일렁하는 빛 너머로 보이는 해안절벽과 그곳에 내려앉은 마을은 마치 다른 세상 같았다.

　카메라 셔터를 재빠르게 몇 번이나 눌러도 이 아름다움을 담을 수 없어 가만히 눈을 감았다. 그랬더니 이내 바다가 넘실넘실 가슴으로 밀려들어 왔다. 파도 위로 오래된 지중해 신화가 펼쳐졌고, 나는 한여름 밤 꿈같은 이야기를 따라 내 손에 쥐어진 지도 속 또 다른 마을로 발걸음을 옮겼다.

토리로 향하는 작은 버스에 올라타 배낭을 밀어 넣고 뒷좌석에 간신히 몸을 실었다. 버스는 이탈리아의 휴양 도시인 벤티밀리아를 빠져나와 좁은 산길을 빙글빙글 올랐다.

버스는 아무도 찾지 않을 것만 같은 깊은 산 중턱에 멈췄고, 나는 오래된 집들 사이로 난 길을 걸어야 했다. 아무 투정도 없이 긴 세월 지중해 햇볕을 받은 빛바랜 주홍빛 기와가 한동안 눈가에 머물렀다. 무너진 담장 너머로 보이는 레몬나무는 신비로운 금빛을 뿜어냈다.

언덕에서 숨을 고르다 길가에 흐드러진 라벤더를 손으로 비벼 코끝에 갖다 댔다. 알싸하고 싱그러운 향이 온몸에 퍼져나갔다. 마침 산바람이 불어왔고, 온 산을 뒤덮은 올리브나무의 은빛 잎사귀가 어서 오라고 내게 손짓했다. 어느덧 두 발은 배낭의 무게를 잊은 채 사뿐사뿐 언덕을 오르기 시작했다.

산비탈을 타고 2층에서 8층 높이의 건물들이 불규칙하게 섞여 있는, 돌로 된 신기한 마을이 나타났다. 얼핏 봐도 몇백 년 이상 이곳에 뿌리내리고 살아왔음을 짐작할 수 있었다. 지중해 연안에서 자라는 덩굴 식물인 부겐빌레아가 아이보리색 벽을 타고 올라가 자줏빛 꽃을 흔들었다. 입구를 찾지 못해 한참을 서성이다 비로소 작은 표지판 옆에 있는 문을 발견했다.

문 안에 들어서니 중세시대 요새에 들어간 것처럼, 빛이 들지 않은 좁다란 계단이 나왔다. 순간 돌들이 내뿜는 시원한 공기가 몸을 식혀주었다. 계단을 오르니 건물 외벽에서는 전혀 보이지 않던 테라스가 나왔다. 그곳에서 사람들이 와인 잔을 앞에 두고 바람을 맞으며 여유롭게 이야기를 나누고 있었다.

한쪽 벽에 배낭을 세워두고 땀이 가득 찬 샌들을 벗고 앉아 있으니, 테라스 안쪽 문에서 한 여성이 물잔을 들고 다가왔다. 짙은 검은 눈동자와 어깨까지 내려오는 검은빛 머리가 눈에 띄었다.

"니나입니다. 한국인이에요. 어릴 때 독일 가정에 입양되었어요. 한국말은 '안녕하세요'만 할 수 있답니다. 지금 토리에서 남편, 아이들과 함께 살아요. 먼 길을 왔을 테니 시원한 물 한잔 마시고 있으세요. 저는 점심을 준비하러 갈게요."

니나가 말할 때면 표정과 손짓에서 유쾌하고 밝은 에너지가 샘솟았다. 사뿐하게 돌아서서 부엌을 향하는 모습이 마치 검보랏빛 나비 같아 보였다. 낯선 땅에서 뜻밖에 만난 한국인 여성, 짧은 순간이었지만 그가 보여준 친절과 환대에 기분이 좋아졌다.

차가운 탄산수 한잔을 쉼 없이 들이키니 목을 따라 찌를 듯한 상쾌함이 발끝까지 짜릿하게 퍼졌다. 긴 여행길에 쌓인 긴장이 풀리면서 몸과 마음이 나른해졌다. 그제서야 바르셀로나에서 이곳으로 찾아오고 있을 친구가 떠올랐다. 내가 거쳐 온 길을 되짚어가며 친구가 오는 걸 상상해 보았다. 함께하진 못했지만 같은 길을 걸을 친구에 대한 애틋함이 밀려왔다.

올리브나무 그림자가 길어질 무렵, 드르륵드르륵 돌길 위로 누군가 여행용 가방을 끄는 소리가 들렸다. 나는 단숨에 아치형 통로를 통과해 계단을 뛰어 내려갔다. 문 앞에서 나처럼 입구를 찾는 친구의 얼굴에 내 입꼬리는 양 볼 끝으로 쭉 올라갔다.

그 순간, 친구와 함께 수천 번을 다시 떠올려도 시들지 않는 여름이 우리를 향해 걸어왔다.

♦

미술관을 벗어난 예술

토리를 오기 전에도 혼자 이탈리아를 찾은 적이 있었다. 그 무렵 나는 돈이 모이면 파리, 바르셀로나, 런던 등 유럽의 크고 작은 도시의 미술관을 찾았고, 특히 이탈리아에서는 열흘 동안 여러 도시를 오가며 미술관을 집중적으로 방문했다. 미술에 대한 지식이 많진 않았지만, 작품들을 무심히 바라보고 있노라면 내 안에서 밖으로 나올 길을 찾지 못하는 생각, 감정, 느낌의 덩어리들이 그 위로 투영되어 보였다. 때로는 선과 빛, 공간 속에 담긴 예술가들의 순수한 혼이 느껴지기도 했다. 그런 순간에는 영원한 세계가 내 앞에 열리는 것만 같았다. 그러나 아름다움도 잠시, 나는 밀려드는 관광객 틈바구니에서 지쳐 버렸고, 미술관 뒷골목을 홀로 배회하는 시간이 점점 늘어났다.

누가 시키지도 않았는데 왜 그렇게 많은 미술관을 찾아다녔을까. 나중에 생각하니 그때는 예술 속에서 위안을 받고 싶고, 또 내 속에 꿈틀거리는 어떤 떨림 같은 걸 느끼고 싶었던 것 같다. 하지만 그런 위안과 떨림은 일상에서 쉽게 잠들어 버리기 일쑤였다. 다시 내 삶이 작고 초라해 보일 때마다 갈증을 해결하러 미술관을 찾아다니는 여행과 일상을 반복했다.

그러던 어느 날 '진정한 예술가는 그림을 그리거나 색을 칠하는 사람이 아니라, 자신의 온 삶에서 모든 생각과 행동을 아름다움에 맞추는 사람이다.'라는 글귀가 눈에 들어왔다. 내가 찾던 것은 어쩌면 미술관이 아닌 다른 곳에 있을지도 모른다는 생각이 들었다. 그리고 그 말의 진짜 의미를 오래된 작은 시골 마을 토리와 그곳 사람들 속에서 발견했다.

토리에 사는 사람들은 아무도 스스로를 예술가라 소개하지 않았지만, 이들은 창조성을 자기 안에 가두지 않고 삶 속에서 펼쳐 냈다. 토리 사람들과 함께 지내다 보면, 그들이 어떻게 내면의 창조성으로 일상을 아름답게 빚어내는

지 지켜볼 수 있다. 곁에만 있어도 마법과 같은 강한 힘을 느낄 수 있는 사람들. 니나 역시 그런 사람이었다.

니나는 독일인 남편에 아들 하나, 딸 둘과 함께 토리에 살았다. 독일어와 영어를 자유롭게 말할 수 있었고 토리에 와서는 이탈리아어도 익혔다고 한다. 대부분 이탈리아 출신인 마을 사람들은 영어가 서툴러 나와 친구는 니나와 더 많이 소통할 수밖에 없었다. 우리는 니나를 도와 마을 식당에서 일하며, 그의 삶을 아주 가까이에서 지켜보는 행운을 누렸다.

니나의 예술성은 다방면으로 발휘되었지만 그중에서도 특히 요리가 기억에 남는다. 토리에는 두 명의 요리사가 있었는데, 안토니오와 니나다. 이탈리아 식당의 셰프 출신인 안토니오의 요리는 전통 이탈리아식이었다. 전문 교육기관에서 요리를 배우지 않은 니나의 요리는 아시아와 유럽 그 중간 어디쯤에 있는 듯했다. 그러나 확실한 한 가지는 니나의 손이 닿은 요리가 국적을 초월해 모든 사람의 입맛을 사로잡았다는 사실이다. 마을에 찾아온 한 예술가는 니나가 차려준 음식을 한입 떠먹고는 황홀한 표정을 감추지 못하고 이렇게 말했다.

"이건, 마법의 손길이야!"

정말이지 니나의 요리는 환상적이었다. 손만 대면 마을 텃밭에서 자란 흔한 재료들이 예술 작품으로 변했다. 레몬과 양파, 올리브유, 각종 향신료를 넣은 현미밥. 된장을 풀어 면과 채소를 넣어 만든 수프. 여러 종류의 치즈와 채소를 얹은 가지구이. 오색 빛 파스타와 황금빛 쿠스쿠스. 여러 빛깔의 잎채소를 동그란 꽃처럼 만든 커다란 샐러드. 매일 한 번도 맛보지 못한 요리가 식탁에 올랐다. 끼니마다 이런 맛있는 밥을 두 번씩 먹는 바람에 친구와 나의 볼은 통통해져만 갔다.

니나는 음식만 잘 만드는 것이 아니었다. 마을에서 장기 봉사자로 머무는 프랑스 대학생 아드레앙이 어느 날 머리를 자르고 왔는데, 머리 가운데 부분은 깃털처럼 세워져 있고 양옆은 확 밀어 버린 모습이었다. 아드레앙의 첫인상은 공부만 아는 도시 대학생처럼 보였지만, 머리를 자르고 나니 뭔가 생기가 넘치고 야생성까지 느껴지는 근사한 청년이 되었다. 어느 미용실을 다녀왔냐고 물었더니 니나가 잘라줬다고 했다. 며칠 후 아드레앙에게는 여자친구가 생겼다.

나도 니나에게 머리를 잘라 달라 부탁했고 니나는 가

위를 들자마자 과감하게 내 앞머리를 눈썹 위로 잘랐다. 새로 한 머리가 무척이나 마음에 들었던 나는 갑자기 어떤 예술적 영감이 떠올랐고, 나도 미용사가 될 수 있겠다고 말해버렸다. 그때 니나는 황당해하기는커녕 내게 가위를 건네며 말했다.

"왜 안 되겠어요? 한번 해봐요. 무척 재미있을 거예요."

그 말에 무모한 자신감이 넘친 나는, 1년 동안 한 번도 자르지 않고 기르던 친구의 긴 머리를 반으로 싹둑 잘라버리고 말았다.

◆

내 안의 창조성

니나와 함께하는 식당일은 마치 즐거운 파티 같았다. 7080 팝송부터 재즈, 클래식, 이탈리아 전통 음악, 아프리카 음악까지 우리는 장르를 넘나드는 음악에 몸을 흔들며 일했다. 기력이 떨어지면 유기농 와인을 한 잔씩 마시며 다시 흥을 올렸다. 세 명이 70인분에서 많을 때는 100인분에 가까운 식사 준비와 설거지를 하면서도 불평 한번 없이 기쁘게 일을 시작하고 마무리하는 신비로운 경험을 했다.

니나는 일을 하다가도 까르르 크게 웃었고, 웃음이 얼굴에서 가시지 않았다. 작은 체구로도 20인분의 솥을 번쩍번쩍 들고 나르며 요리하는 니나는 늘 에너지가 넘쳤다. 나와 친구는 요리 경험이 거의 없고 어렸지만 니나는 우리를 단순한 보조자로 여기지 않고, 늘 함께 일하는 동등한 동료로 대해주었다. 일을 시작하기 전 항상 무슨 일을 하고 싶은지 먼저 물어왔고, 우리가 생각해낸 아이디어를 아낌없이 요리에 펼치게 해주었다.

"와! 예뻐요! 아름다워요! 훌륭해요!"

니나는 작고 별것 아닌 일에도 지나칠 정도로 칭찬을 많이 했다. 우리가 샐러드 위에 여러 빛깔의 채소만 올려놓아도 환히 웃으며 영어, 이탈리아어, 독일어 등 온갖 언어로 찬사를 날렸다. 나는 그것이 니나의 진심이라는 걸 알 수 있었다. 니나에게서는 밝고 명랑한 빛이 흘러나왔고, 그 빛은 주변에 있는 사람들을 행복하게 만들었다. 그는 분명 자신의 삶을 무척 사랑하고 있었다.

니나와 함께하면서 우리는 스스로 한번도 상상하지 못한 무언가를 처음으로 만들어 내기 시작했다. 토리에 오기 전에는 내가 이렇게 창조적인 사람이라고는 생각하지 못했다. 요리와 더불어 텐트 생활을 통해 내 안의 창조성을 발견하기도 했다.

텐트 생활은 쉽지 않았다. 우리의 작은 텐트 안은 오랜 여행으로 퀴퀴한 냄새가 올라왔고 물건이 어수선하게 쌓여 있었다. 한낮 텐트는 덥다 못해 불덩이가 들어앉아 있었고, 밤이 오면 풀숲에서 달려드는 모기 때문에 온몸에 작은 혹이 가득했다. 한밤중에는 아랫마을 개들이 컹컹 짖는 소리에 잠을 설치기도 했다. 비좁은 공간에서 다른 사람과 함께 지내는 일은 아무리 가까운 사이라도 어려울 수밖에 없었다.

하지만 니나가 마법의 손길로 우리를 변화시킨 것일까? 시내에 나갔다 오려면 최소 반나절이 걸리고 와이파이도 터지지 않는 이곳에서, 우리는 부족하고 불편한 것을 불평하기보다 소꿉놀이하는 어린아이처럼 즐겁게 상황을 바꾸기 시작했다.

비가 오지 않는 한여름 날씨, 텐트 옆에서 자라는 올리브나무는 멋진 옷장이 되어주었다. 우리는 텐트 밖으로 짐을 꺼내 나뭇가지에 걸고, 나무 사이에 줄을 연결해 손빨래한 옷가지들을 말렸다. 옆 마을 아저씨가 베어낸 라벤더 한 다발을 얻어와, 텐트 여기저기 걸거나 냄새나는 신발과 가방 속에서 넣어 두었다.

뜨거운 한낮에는 자두, 레몬, 오렌지를 먹고, 남은 건 꿀과 탄산수를 섞어 차가운 음료로 만들어 마셨다. 그마저도 미지근하게 느껴지는 더운 날에는 당나귀가 사는 밭을 지나 큰 바위를 타고 내려가 차가운 계곡 물속에 뛰어들었다. 우연히 모기가 물린 자리에 와인을 흘렸는데, 가려움이 줄어든다는 사실을 발견하고는 식당에서 유기농 와인을 얻어와 밤마다 파티를 열어 와인을 마시고 몸에 발랐다. 그 덕분에 개들이 짖는 소리에도 아랑곳하지 않고 코를 골며 잘 수 있었다.

작은 손전등 빛에 의지해야 하는 긴긴 밤이 찾아오면 우리는 못다 한 이야기를 나눴다. 젤라또를 사 먹고 돌아갈 차비를 날리는 바람에 어느 이탈리아 부부의 차 트렁크에 몸을 맡겼던 아슬아슬한 히치하이킹부터 설렘 가득한 첫사랑 이야기까지 매번 떨리고 흥미진진했다. 이야기는 꼬리에 꼬리를 물고 꼬마 시절까지 흘러갔고, 어느 날은 텐트 속에서 동이 트는 것을 봤다.

아무리 미술관을 다녀도 채워지지 않던 어떤 것이, 토리의 여름 햇살을 따라 내 안에 들어오기 시작했다. 내 가슴에는 순수한 기쁨만이 넘쳐났다. 이탈리아의 깊은 산골짜기에서 우리를 알아주는 사람은 아무도 없었고 가진 것이라고는 작은 배낭뿐이었지만, 나와 우리 그리고 이 땅이 아무 이유 없이 좋아지기 시작했다. 내게 부족한 것은 너그럽게 안아주고만 싶었고, 내게 없는 것은 자연 속에서, 상상 속에서, 다른 이의 사랑 속에서 채워질 것이라는 알 수 없는 믿음이 솟아났다.

✦

나를 표현하는 순간
삶은 예술이 된다

니나는 우리에게 어떤 가르침을 주려고 하지 않았지만, 우리를 더 나은 사람으로 이끌어주었다. 그의 삶을 더 가까이에서 배우고 싶어 인터뷰를 부탁했다. 올리브나무 사이로 시원한 바람이 불어오는 오후, 니나는 자신의 가슴에서 나온 진실한 이야기 한 가닥을 뽑아 우리 가슴으로 '후' 하고 불어넣었다.

물음 어떻게 토리로 오셨나요?

응답 저는 독일로 입양된 한국 입양아예요. 운이 좋게 학력과 의식 수준이 높은 독일인 가정에 입양되었죠. 지금 제 남편은 우리 가족과 친하게 지내던 집안의 아들이고, 어릴 때부터 서로 알고 지냈어요. 저는 열아홉 살 때부터 코뮌commune 운동에 관심이 컸습니다. 그래서 영국에서 자원봉사도 했고, 대학에서 심리학을 공부했어요.

그러던 중 베를린 장벽이 무너지고, 동독과 서독이 통일되었어요. 이때 '스쾃Squatting'◆이라는 삶의 방식에 관심이 생겼습니다. 이것은 사회 운동의 한 형태로 서독의 젊은이들이 벽이 무너지거나 전기가 들어오지 않는 공장 혹은 빈집을 점거해 새로운 형태의 삶을 살아가는 것을 말합니다. 저도 그런 친구들과 함께 지냈습니다.

남편과 결혼하면서 우리는 가치 있고 대안적인 삶을

◆   스쾃은 1835년경부터 집 없는 노동자들이 도심의 빈 곳을 사용하면서 사회적 의미를 띠기 시작했고, 1968년 이른바 '68혁명'을 거치면서 사회의 근본적 변화를 추구하는 사회 운동의 성격마저 가졌다. 제도권 내 편입을 거부한 68혁명 세대는 공장에 취업하여 터키 이민 노동자들, 여성 노동자들과 함께 급진적 투쟁을 전개했으며, 공장 외부에서는 빈집을 점거하는 운동을 벌여나갔다. 이는 '코뮌' 운동으로 불리기도 했다.

살고 싶었어요. 그래서 여러 공동체를 찾아가 살아 보았죠. 우리 부부에게는 공동체 형태의 삶이 알맞다는 확신이 들었고 결국 이곳까지 오게 되었어요.

물음 기존 사회를 떠나 가치 있고 대안적인 삶을 찾아 이곳에 오셨다고 하셨는데, 지금 사회가 가진 가장 큰 문제점은 무엇이라고 생각하시나요?

응답 저는 자본주의라고 생각해요. 자본주의 사회는 종교적인 감수성과 영성이 일상과 끊어진 사회입니다. 저는 특정한 종교를 믿지 않지만, 종교와 관련된 감수성은 누구에게나 존재한다고 생각해요. 그런데 제가 말하고 싶은 종교적인 감수성은 진정한 사랑을 바탕으로 해요. 예를 들어 홀로코스트가 있던 당시, 나치를 따르던 어떤 이들은 종교적인 이유를 들며 스스로의 행위를 정당화했습니다. 또 홀로코스트에 저항했던 사람 중에는 무신론자도 있었죠. 두 집단 중에 누가 더 종교적인 감수성이 높을까요? 토리는 어떤 종교에도 속하지 않지만, 저는 이곳의 일상 속에 종교적인 감수성과 영성이 살아 있다고 느낍니다.

물음 생태마을에 사는 여성들은 제가 있던 사회의 여성들과는 조금 달라 보였습니다. 여성으로서 생태마을에 산다는 것은 어떤 것을 의미하나요?

응답 제 친구들 가운데는 페미니스트가 많습니다. 저는 생태마을의 삶이야말로 페미니스트에게 어울린다고 생각해요. 과거 한국 여성들은 자신을 표현하며 살아가기 어려웠고, 사회적으로 많은 억압을 받았다는 이야기를 들었습니다. 여성들에게도 자신을 자유롭게 표현할 기회가 일상에서 자주 있어야 한다고 생각해요.

저는 이곳에서 자유롭게 저 자신을 표현하며 살아가고 있습니다. 제 의견을 자유롭게 이야기하고, 다른 사람과 자유롭게 토론하고, 원하는 일을 원하는 시간에 할 수 있어요. 토리 안에서 저는 가정과 일 사이를 자유롭게 오가죠. 일을 하다가도 아이들과 남편을 만날 수 있어요. 그런 의미에서 생태마을은 정치적이며 대안적인 삶의 공간입니다.

물음 작은 마을 안에서만 살면 답답하지 않으신가요? 앞으로 어떻게 삶을 살고 싶으신가요?

응답 저와 남편은 평범하고 편한 옷을 입고 지내다가도, 지
루한 생각이 든다 싶으면 둘 다 영화 속에 나올 법한
아주 멋진 드레스를 차려입고 파티에 갑니다. 그리고
또다시 일상생활로 돌아와 즐겁게 살아가죠. 이런 작
은 마을에 산다고 해서 한 가지 방식으로만 사는 것
을 지향하고 싶지는 않아요. 저는 요리를 할 때도 무언
가를 창조하는 기분으로 일해요. 왜냐면 삶을 예술적
으로 살아갈 때 진정한 자신을 만날 수 있다고 믿으니
까요.

다 옮기지 못했지만, 토리에서의 삶을 선택하기까지 니
나의 인생에도 번민과 고통으로 얼룩진 이야기가 많았다.
그걸 들으며 몇 번이나 함께 눈물을 흘렸다. 그는 젊은 시절
치열하게 자신의 삶을 고민했고, 내면에서 울리는 목소리
를 따라 삶을 스스로 선택했다.

니나는 자신 안에 있는 창조성을 익숙한 사회의 틀 속
에 꼭꼭 맞추려 하지 않았고, 작은 일상을 통해 세상 밖으
로 아낌없이 펼치려고 노력했다. 그 힘이 점점 커져 인생의
고통과 슬픔도 기쁨과 행복으로 변화시켜 나갈 수 있었다
고 한다. 그렇게 나이가 들수록 아름답고 강해진 니나의 삶

은 이탈리아의 작은 골짜기 마을을 찬란히 비췄고, 먼 한국에서 온 우리에게도 밝은 빛으로 다가왔다. 삶은 예술이라는 이야기를 수없이 들어왔지만, 나는 니나를 마주하고서야 그 뜻을 온전하게 이해할 수 있었다.

그해 여름이 지나고 다시 추운 겨울이 찾아와 나를 딱딱한 껍데기 속에 감추고 아무도 믿을 수 없을 때면, 니나와 함께한 토리의 추억을 떠올렸다. 그러면 어느새 자리를 털고 일어나 흩어졌던 일상을 다시 엮어나갈 수 있었다.

✦

버려진 마을을
다시 살리는 사람들

　토리의 건축물에 들어서면 마치 오래된 과거로 들어가는 듯했다. 미로같이 생긴 계단과 아치형 터널을 통과하면 생각지도 못한 곳에 방이 있었고, 어떤 길은 건물 밖으로 연결되기도 했다. 천년의 이야기가 흐르는 건축물에서 살아 본 경험은 내가 지나온 시간의 앞과 뒤를 조금 더 늘려서 삶을 바라보게 했다.

　토리Torri는 지명으로, 이곳은 다시 낮은 지대를 뜻하는 인페리오inferior와 높은 지대를 뜻하는 수페리오superior로 나뉜다. 내가 방문한 생태마을은 토리 수페리오 지역에 있었다. 토리는 면적 1,500제곱미터(약 450평)에 건평이 3,000

제곱미터(약 900평)에 이르는 거대한 하나의 건물 안에 자리 잡고 있었다. 건축 자재로는 인근의 산과 강에서 가져온 돌, 석회, 모래를 사용했다고 한다.

토리의 건축물이 언제 지어졌는지 정확한 시기를 추정하기는 어렵지만 1073년에 작성된 고문서에 토리가 처음 등장하고, 13세기부터 지금과 비슷한 형태가 갖추어지기 시작했다. 이후 몇 세기를 거쳐 계속 증축되다가 18세기에 건물의 끝부분이 완성되면서 비로소 지금 모습과 가장 가까운, 들쑥날쑥하면서 복잡한 형태를 띠었다고 한다. 이 시기의 인구 증가와 사회적·종교적 불안이 팽배해진 것을 그 원인으로 본다. 20세기에 들어서면서 사람들은 고용 불안 등의 위기로 마을을 떠났고, 이 독특하고 거대한 건축물은 홀로 남겨졌다.

1989년, 토리 수페리오 문화협회The Torri Superiore Cultural Association가 생겨났고, 이들은 땅과 건물을 싼값에 사들였다. 이 단체는 토리를 지역 사람과 생태적인 삶을 지향하는 사람들이 함께 사용하는 공적인 장소로 만들고자 했다. 그들은 오랜 연구 끝에 건축물을 복원하기 시작했고 우리가 마을에 지낼 당시에도 복원 작업을 계속하고 있었다.

토리에서 지내는 즐거움이 커지면서 이곳에 대한 자세

한 이야기를 알고 싶어졌다. 지벤린덴에서 배운 '생태마을'의 개념을 요리조리 적용해가며, 마을의 역사, 교육, 의사 결정 구조, 한해살이에 관한 여러 질문을 준비했고 마을 사람을 직접 만나 이야기를 들어보았다.

물음 중세시대에 지어진 건축물에 생태마을이 생겨났다는 것이 신기하기만 합니다. 토리의 역사를 듣고 싶어요.

응답 이 골짜기는 몇백 년 전만 해도 근처 바다에서 고기를 잡는 어부나 농부 들이 살았습니다. 사람들은 물도 없는 산꼭대기부터 생명력이 강한 올리브나무를 심고, 돌집을 짓고, 땅을 가꾸며 삶의 터전을 일궈 갔습니다. 그러나 이탈리아에도 산업혁명의 물결이 퍼지면서 농부들은 일자리를 찾아 도시로 떠났고, 이 골짜기에는 결국 아무도 살지 않게 되었죠.

처음 저희가 토리에 왔을 때 집들은 거의 무너지다시피 했고 땅은 온통 돌투성이었습니다. 우리는 건물을 복원시키고 다시 땅을 살렸습니다. 건물이 어느 정도 복원되자 토리 수페리오 문화협회 회원 몇 명이 이곳에 살기 시작했습니다. 1999년, 우리는 퍼머컬쳐 강의,

예술 공연 등 여러 행사를 이곳에서 기획하며 토리를 사회에 알리기 시작했습니다. 프로그램 참가자들도 함께 살면서 마을이 자리잡을 수 있었죠. 현재는 아이 여덟 명, 어른 열두 명이 고정된 마을 주민이고, 대체로 이탈리아인과 독일인입니다.

물음 생태적인 차원에서 이 마을은 어떤 노력을 하나요?

응답 생태마을로 거듭나기 위해 태양 전지판과 태양광 패널을 설치했고, 생태화장실도 지었습니다. 집을 복원하는 과정에서도 바이오 건축Bio-architecture원리를 따라 자연에서 온 원자재와 친환경 자재만을 사용했어요. 밭과 과수원에서는 퍼머컬쳐 방식으로 농사를 짓고, 닭은 풀어서 기릅니다. 밭을 갈 때도 기계를 거의 사용하지 않고 당나귀의 도움을 받죠. 부엌에는 유전자 조작 식품이나 가공식품을 전혀 들이지 않아요. 대신 지역에서 나온 홈메이드 빵, 생면 파스타, 올리브 오일, 꿀, 잼, 허브를 음식 재료로 사용합니다. 남은 음식은 동물에게 먹이로 주거나 퇴비로 만들고요. 마을에는 함께 사용하는 자동차가 다섯 대 있지만, 우리는 가급적 대중교통을 더 많이 이용하려고 합니다.

물음 마을 사람들은 어떻게 생계를 이어가나요? 마을의 주
수입원은 무엇인지 궁금합니다.

응답 우리는 이 오래된 건물의 장점을 살려, 여름에는 게스
트 하우스를 운영하며 돈을 법니다. 퍼머컬쳐 강좌나
예술 워크숍을 열고 싶은 사람들에게 공간을 제공하
기도 하죠. 올해는 비저너리 아트Visionary Art를 공부하
는 예술가들이 전 세계에서 찾아왔어요.
어떤 마을 사람들은 지역에서 일자리를 얻어 돈을 벌
기도 하는데, 마을 안에서 일하는 사람들은 수익을 똑
같이 나눠 갖는 것을 원칙으로 합니다.

물음 마을에서 벌어지는 중요한 일들을 어떻게 결정하시나
요? 마을의 의사 결정 구조가 궁금합니다.

응답 만장일치제입니다. 예를 들어 마을에 살고 싶은 사람
이 생기면 우선 1년간 함께 살아 보고, 1년 후 마을 사
람들이 모두 동의하면 정식으로 마을 주민이 되는 방

식입니다.

물음 마을에서 나고 자란 아이들을 보았습니다. 이 아이들의 교육은 어떻게 이루어지는지 알고 싶습니다.

응답 마을에서 자란 아이들이 학교에 갈 나이가 되면 마을 근처 교육기관으로 보냅니다. 가까운 곳에 초등학교가 있고, 중등 과정에 해당하는 학교는 마을에서 차로 30분 떨어진 벤티밀리아에 있습니다.

이 마을에서 자란 아이들이 처음 학교에 가면 어려움을 겪기도 합니다. 왜냐면 이탈리아 일반 사회에서 자란 아이들은 학교에서 돌아오면 대부분 컴퓨터 앞에서 시간을 보내지만, 토리에서 자란 아이들은 어린 시절부터 자연 속에서 많은 시간을 보내고 마을 사람과 함께 일하며 배우니까요. 환경이 다른 데서 따라오는 어려움은 어쩔 수 없다고 생각합니다.

하지만 학교에 들어간 아이들이 적응하는 시간을 보낸 뒤에는 결국 자신이 좋아하는 것을 찾아 공부하게 되더군요. 마을 아이들은 사교육을 받지 않지만 똑똑한 편입니다. 아마도 부모뿐만 아니라 마을 사람 모두

늘 아이들의 이야기를 진지하게 들어주기 때문일 겁니다. 또 아이들은 원하면 언제든 마을 사람과 이곳을 찾는 방문자들에게 좋아하는 것을 배울 수 있어요. 이런 교육 환경이 차이를 만들어 낸다고 생각합니다.

물음 어떤 사람들은 생태마을이 고립된 곳이거나, 이상한 집단으로 여긴다는 이야기를 들었습니다. 지역 사람들과 어떻게 교류하고 계시는지 궁금합니다.

응답 이 지역 사람들은 우리 마을을 이상하게 여기지 않습니다. 이탈리아 사람들은 정치적 입장이 다르더라도 서로 의견을 나누며 친밀하게 지내려는 기질이 있다고 생각해요. 저희는 여름마다 마을에서 음악 콘서트를 열어 주변 지역 사람들을 초대하고, 겨울에는 바로크 유적지인 근처 교회에서 지역 사람들과 함께 클래식 콘서트를 엽니다.

물음 여름에는 마을에 찾아오는 손님과 여러 행사로 마을 사람들이 많이 분주해 보였습니다. 겨울에는 어떻게 이곳에서 시간을 보내시나요?

응답　여름이 이탈리아뿐만 아니라 전 세계에서 찾아오는 사람들과 교류하는 시기라면, 겨울은 좀 더 내면을 돌아보며 성찰하는 시기입니다. 여느 생태마을이 그렇듯 일거리가 없는 겨울이 찾아오면 우리는 손님을 받지 않고, 함께 모여 마을 운영부터 개인적인 문제까지 여러 주제를 두고 이야기를 나눕니다. 사안에 따라 격렬한 논쟁이 벌어지기도 하죠. 그럴 때는 외부에서 소통을 위한 안내자를 모셔와 대화를 촉진하거나 중재하는 도움을 받고 예술 워크숍을 열기도 합니다.

작년 겨울에는 독일에 있는 제그ZEGG 생태마을에서 포럼 전문가를 모셔와, 연극의 형태를 접목한 의사소통 훈련을 다 같이 받았습니다. 지난해는 마을이 참 어려운 시기였는데, 공동체의 입장과 개인의 입장 사이에 큰 갈등이 있었기 때문입니다. 하지만 훈련을 통해 서로 다른 의견을 이해하고 조율하기 시작했고, 생각과 감정을 쌓아 놓지 않고 건강하게 표현하며 소통하는 법을 배웠습니다. 공동체에 성찰과 정화의 분위기가 일었고, 우리는 함께 성장할 수 있었습니다.

♦

나의 꿈은 춤추는 할머니

토리의 이야기를 듣는 동안 이곳은 니나와 같은 사람들이 모여 내면의 창조성으로 낡고 오래된 것에 생기를 불어넣고, 다시 생명을 틔워낸 곳이라는 생각이 들었다. 생태마을에도 여느 사람들이 사는 마을처럼 현실적인 어려움과 갈등이 찾아왔다. 하지만 토리 사람들은 즐겁게 놀이하듯 위기를 변화시켜 나갔다. 그들은 의식적으로 사람과 사람, 사람과 자연 사이를 이롭게 하는 노력을 기울이고 있었다.

인터뷰가 끝나고 마을 밖으로 걸어 나왔다. 토리의 오래된 건축물과 올리브나무를 한참 바라보았다. 저 멀리 산

봉우리에서 바람이 불어왔다. 지난해 아시시에서 본 올리브나무처럼 이들도 노래를 부르기 시작했다. 깊은 산골짜기에 기대어 살아가는 낡고 오래된 것들과 그 속에서 피어난 생명들이 함께 소리를 내며 온 땅을 깨우기 시작했다. 소리는 점점 퍼져 내 몸까지 닿아 그 울림 안에 머물게 하였다. 한때 사람들이 모두 떠난 골짜기를 묵묵히 지키던 존재들이 마침내 사람과 건축과 자연이 함께 어우러지는 꽃으로 피어났음을 떠올려 보았다.

생태마을은 이 시대 여러 문제에 대한 대안적인 삶으로 등장한 현상이지만, 자세히 안을 들여다보면 저마다의 빛으로 반짝인다. 오래된 역사와 생태마을이 연결된 토리의 모습은 평범함 속에서도 위대한 삶을 꿈꾸는 토리 사람들을 닮아 있었다. 늙은 나뭇가지 위로 작은 싹이 터서 죽어가던 나무가 다시 살아난 것처럼, 조금 더 나은 세상을 만들고 싶은 이들의 소망이 싹을 틔워 잠들어 있던 이 땅의 역사가 다시 시작된 것이다. 토리에 잠시 방문했을 뿐이지만 우리들의 이야기도 이 땅 어딘가에 남아 무수한 생명의 흐름 속에서 흘러갈 거라고 생각하니 마음이 뻐근해졌다.

별이 총총 뜬 밤, 마을에서 축제가 벌어졌다. 지역에 사는 음악가들은 커다란 마당에 설치된 무대 위에 섰고, 토리

건축물의 한 벽면을 타고 커다란 스크린이 내려왔다. 인근 지역 마을에 사는 할머니, 할아버지, 가족, 연인, 아이 들이 모여들었고 화가들은 마당 한편에 캔버스를 펼쳤다.

음악이 흘러나오자 사람들은 춤을 추기 시작했다. 나도 내 옆에 찾아온 니나의 막내 딸 꼬마 피비와 손을 잡고 둥글게 원을 그리며 춤을 추었다. 원 속에서 주변은 점점 어릿어릿하게 보였지만 서로에게 몸짓으로 사랑을 보내는 걸 느낄 수 있었다.

음악의 결이 깊고 넓어질수록 우리들의 몸을 타고 흐르는 선과 빛은 천년을 살아온 건축물 벽면을 가득 채우고는 밤하늘로 퍼져갔다. 화가들은 지금 이 순간을 캔버스 위에 거침없이 뿜어냈다. 옆에서 춤을 추던 친구는 내게 말했다.

"참 엉뚱한 생각 같지만, 내 꿈은 할머니로 정했어. 호호 할머니가 되어서도 이 마을에 사는 사람들처럼 노래하고 춤추고, 지혜롭고 유쾌하게, 지금 내 모습 그대로 살아가고 싶어."

별은 더 밝게 빛나고 우리들의 한여름 밤 꿈은 화가들

의 손길을 따라 우주 저편에 있는 영원한 시간 속에 무늬를
새기기 시작했다.

올리브나무의 노래

그대가 있어 참 좋아
어서 와

햇살이 쏟아지는 바닷길 따라
올리브나무 노래하는 골짜기 넘어
라벤더 꽃내음 흘러넘치는 언덕을 올라
그대와 나를 무척 사랑하는 그날로
아름다운 이들이 기다리는 그곳으로
어서 와

여기 이탈리아 산골짜기
작은 마을 토리로
한여름 밤 꿈을
가슴 깊이 신고
그대 내게로 어서 와

✦

4장

아이는
무얼 보고 자라는가

비치 그로브 부르더호프 Beech Grove Bruderhof✦

잉글랜드

✦ 독일 출신 에버하르트 아놀드가 설립한 부르더호프
는 4개 대륙에 걸쳐 23개의 공동체가 있다. 비치 그로
브는 그 가운데 하나로 영국 남동부 켄트 주에 위치하
고, 1995년에 세워졌다. 재세례파에 속하는 기독교 공
동체로 형식적인 예배보다는 공동체 생활과 노동을 통
해 예수의 가르침을 실천하는 것을 중요하게 여긴다.
국가나 종교에 관계없이 모든 방문자가 공동체에서 함
께 살아 보는 경험을 통해 이들의 삶을 배울 수 있다.

www.bruderhof.com

별을 짚는 아이

이른 아침 버스를 타러 승강장에 나가자 쌀쌀한 공기가 심장까지 들어왔다. 여름도, 친구와 함께 떠난 여행도 끝을 향하고 있었다. 생태마을에 대한 애정이 깊어질수록 내가 있던 곳으로 다시 돌아가야 한다는 사실이 실감나지 않았다.

여행에서 만난 세계는 한낮 꿈처럼 사라져 버릴까? 나는 또다시 회색빛 도시 속에서 나를 잃고, 어디로 가는지도 모른 채 살아가게 될까? 긴 한숨이 나왔다. 2층 버스는 내 마음을 아랑곳하지 않고 마지막 여행지인 잉글랜드의 비치 그로브 부르더호프Beech Grove Bruderhof로 빠르게 달려갔다.

어느새 나타난 초록빛 언덕에는 토끼들이 뛰어다녔고, 양들이 떼를 지어 풀을 뜯었다. 그 모습을 하염없이 바라보며, 몇 년 전 이 마을을 처음 찾았던 기억이 떠올랐다. 영국에서 처음 맞는 크리스마스 휴가가 끝날 무렵 나는 런던에서 기차를 타고 이곳을 방문했다. 기차에서 내려 숲 옆으로난 길을 걷다 보니 목장 너머 마을이 보였지만, 정작 들어가는 길을 찾지 못해 혼자 서성거렸다. 그런데 저 멀리서 긴 체크 원피스에 두건을 쓴 어린아이가 한 손으로 검은 염소를 끌고 다가왔다.

"길을 잃으셨나요? 마을에 가시나요? 그럼 저를 따라오세요."

겨울인데도 땅이 녹아 발이 푹푹 빠지는 진흙길을 지나 마을로 향했다. 아이는 자꾸만 다른 길로 가려는 염소를 제법 잘 몰았다. 그렇게 아이를 따라간 마을에서, 18세기 유럽 시골에서나 볼 법한 사람들과 함께 장난감 공장에서 일하며 겨울을 보냈다.

어느 날 밤, 일을 끝내고 방으로 올라가려는데, 계단 끝에 다섯 살도 채 안 되어 보이는 작은 아이가 있었다. 아이는 김이 서려 있는 창밖을 한참 동안 물끄러미 바라보더니 갑자기 내게 말을 걸어왔다.

"아름답지 않나요?"

창문으로 눈길을 돌렸지만 짙은 어둠만이 눈에 들어왔다. 아이는 어리둥절하게 서 있는 나를 보고는 작은 손가락을 들어 창문 가까이 대더니 어두운 하늘에 꼭꼭 박혀 있는 작은 빛을 가리켰다. 아이의 작은 손가락은 까마득하게 잃어버린 어떤 세계로 나를 안내하는 것만 같았다. 어느새 작고 빛나는 별이 내 머리 위에도 하나둘씩 떠올랐다.

다시 마을로 가면 염소를 끌고 별을 바라보는 아이들을 만날 수 있을까. 그렇게 누군가 앞으로 내가 가야할 길을 안내해주고, 곁에 있지만 내가 미처 보지 못한 무언가를 찾게 해줄까? 이런 상념에 빠져 있는 동안 버스는 하얀 구름이 피어오르는 언덕을 따라 하염없이 나아갔다.

친구와 나는 마을에 도착해 게스트 오피스로 향했다. 방문 허가와 일정에 관한 메일을 주고받은 데이비드가 우리를 맞이했다. 말수가 적고 느릿느릿 움직이는 사람이었지만,

그동안 주고받은 이메일에서 따뜻한 마음을 느낄 수 있었다. 그는 우리가 머물 방, 함께 지낼 호스트 가족 등 이 마을에서 지내는 동안 필요한 것을 알려주고는, 곧 마을 전체 모임이 있다고 덧붙였다.

모임에 참가하기 위해 대강당으로 향했다. 호호 할머니부터 엄마 품에 안긴 아이까지, 100명이 넘는 사람들이 둥글게 원을 그리고 앉아 대화를 나누고 있었다. 여자들은 머리에 두건을 두르고, 손바느질로 만든 것 같은 긴 꽃무늬 원피스나 블라우스, 조끼, 긴치마 등의 전통 옷을 입었고, 남자들은 체크무늬 셔츠에 청바지 차림이었다.

떠들썩하던 소리가 조용해지더니 강당 한쪽에서 작은 문이 열렸다. 선생님처럼 보이는 한 여성 뒤로 다섯에서 여섯 살쯤 되어 보이는 아이들이 전통 옷을 입고 등장해 동그란 원 안에 섰다. 곧 아주 큰 무지갯빛 천이 펼쳐졌고, 아이들은 선생님의 손짓에 따라 천 위에 공을 올리기도 하고, 보자기 안에 몸을 숨기기도 하며 작은 공연을 펼쳤다.

분명 강당 안에 아이들의 부모가 있을 텐데도 누구 하나 호들갑스럽게 환호하거나 아이들에게 손을 흔들지 않았다. 마을의 할머니, 할아버지, 형, 누이는 흡사 유명한 무용수의 공연을 보는 것처럼 진지하게 아이들의 미세한 손짓과

발짓을 바라보았다. 또 시종일관 흐뭇한 얼굴로 아이들이 콩콩 뛰는 소리에 귀를 기울였다. 오랜 시간 열심히 준비했을 아이들에게 어른들은 그렇게 무언의 응원을 보냈다.

아이들을 세상없이 소중하게 바라보는 마을 사람들을 보며 나도 모르게 눈물이 흘러나왔다. 이들의 따뜻한 눈빛이, 여러 생각들로 힘들어 하는 나를 격려하는 것 같았다. 작은 공연이 끝나고, 사람들에게 우리를 짧게 소개한 다음 방으로 건너갔다. 단정하게 정리된 침대 위에 마을 아이들을 쏙 빼닮은 귀여운 엽서가 보였다. 손으로 그리고 적은 환영 인사가 담겨 있었다.

♦

부엌과 산책

부르더호프에서 내가 지낸 곳은 세 살 꼬마부터 열세 살까지 6명의 아이를 기르며, 마을 학교의 부부 교사로 일하는 르나타와 버니의 집이었다. 내가 도착하자 곱게 양 갈래로 머리를 땋은 큰딸 케이트는 거실, 부엌, 방으로 나를 데리고 다녔다. 그릇부터 막내 동생이 쓰는 이층 침대 위 인형까지 보여주었다. 세간살이는 침대나 책상 등 꼭 필요한 것만 있었고, 모두 사람 손이 많이 닿아 낡아 보였다.

부엌은 두세 사람이 들어가 요리하기에 비좁아 보였고, 밥을 먹는 식탁도 무척 작았지만 생각보다 더 많은 사람이 옹기종기 모여 앉았다. 그런데 이상하게도 불편하기는커녕 어린 시절 애지중지하던 인형을 다시 안은 것처럼 포근한 느낌이 들었다.

아침마다 식탁 위에는 빵, 버터, 잼이 놓인 소박한 밥상이 차려졌다. 르나타는 손님인 내게 먼저 음식을 건넸고, 아이들은 차분히 자기 접시에 음식이 오기까지 차례를 기다렸다. 식사가 끝나고 르나타와 버니, 아이들은 학교로 갔고 나는 장난감 공장으로 일을 하러 떠났다. 그러곤 저녁 무렵 학교와 일터에서 돌아온 우리는 다시 밥상에 둘러앉았다.

텔레비전도 컴퓨터도 없는 집에서 밥을 먹고 나면 다 같이 노래를 불렀다. 누군가 노래의 첫 소절을 시작하면 식구들이 모두 따라 부르는 식이었다. 아이들이 어떻게 그 많은 노래 가사를 외우는지 신기하기만 했다. 부부가 교사여서 그랬을까? 이들 가족의 머릿속에는 수많은 놀이와 노래가 가득했고, 아이들은 지루할 틈이 없었다. 이들과 함께 지내다 보니 어린 시절의 내가 자주 튀어나왔다. 미래에 대한 걱정은 멀리 날아가고 익살스러운 표정을 한 아이들과 어떻게 서로에게 장난을 걸어 볼까 생각하기 바빴다.

르나타와 버니는 다정하면서도 엄격했고, 때로는 대범하게 아이들을 대했다. 엄마인 르나타는 첫째 딸과 둘째 딸이 학교에서 돌아와 들뜬 목소리로 그날의 흥미진진한 일을 말하면 같이 흥분하며 이야기를 들어주었다. 학교 운동장에서 긴 치마를 입은 르나타가 학생들과 신나게 뛰어다니는 모습을 종종 봤는데, 그것만으로도 르나타가 어떤 선생님인지 알 수 있을 것 같았다. 아빠 버니는 상대적으로 조금 더 엄격했는데, 큰형이 어린 동생을 때리려 하면 행동을 제지하고는 아이의 눈을 바라보며 반복해서 왜 그런 행동을 하면 안 되는지 차분히 설명하곤 했다.

보슬보슬 비가 내리던 어느 날 아침, 다른 때보다 가족들이 늦게 부엌으로 내려왔다. 어디를 다녀왔냐고 물었더니 르나타가 "마을 근처 숲에 있는 큰 나무 아래서 아이들과 자고 왔어요." 하고 말했다. 텐트를 치고 야영을 했냐는 내 질문에 르나타는 의아한 듯 대답했다.

"나뭇잎이 비를 막아주는데 왜 텐트가 필요하죠?"

어느 날은 아침에 버니가 함께 산책을 가지 않겠냐고 물었다. 몇 년 전 이 마을을 방문했던 한국인 언니는 브루더호프 사람들이 산책 가자고 해서 따라나섰다가, 네 시간을 걷고 왔다고 했다. 그래서 조금 망설여졌지만, 어린아이들도 함께 가는 거니까 분명 한 시간 안쪽일 것이라고 생각하고 따라나섰다. 결국 우리가 다시 마을에 도착했을 때는 이미 반나절이 지나 있었다.

6명의 아이들과 르나타, 버니 그리고 나까지 9명이 물 한 병만 챙겨들고, 작은 나무 수레를 끌고는 길을 떠났다. 마을 밖으로 이어지는 길을 따라가니 황금빛 물결이 일렁이는 호밀밭이 나타났다. 우리는 한 줄로 서서 호밀밭 사이로 난 길을 걸었다. 길 끝에 다다르자 숲이 나왔고, 숲길을 따라가니 작은 시냇가가 흐르는 시골길이 나왔다. 우리는 그 길을 걸으며 노래를 부르고 이야기를 나눴다.

르나타가 내 옆으로 다가와 물었다.

"우인은 어린 시절을 어떻게 보냈어요?"

나는 중학교 이후로는 가족과 떨어져 살았는데, 가족과 함께 산 시간과 멀어질수록 어떻게든 홀로 서야 한다는 생각을 강하게 품었다. 외국 생활을 할 때도 가족을 떠올리면 마음이 약해지고 그러다 내 자신이 무너져 내릴 것만 같아 마치 가족이 없는 사람처럼 굴 때도 있었다. 그러다 보니 어린 시절을 떠올리는 것은 어느새 낯선 일이 되어 버렸다. 그런데 나를 마치 큰딸처럼 살뜰히 챙겨주는 르나타의 질문에 스스럼없이 어린아이로 돌아갔다.

"저도 어릴 때 작은 시골 마을에서 자랐어요. 집에 텔레비전이 없었지만 벽면 가득 책이 있었어요. 아버지는 밤마다 저와 동생에게 이야기를 들려주셨고, 아침이면 턴테이블로 음악을 트셨어요. 봄이 오면 엄마, 아빠, 동생과 산과 들로 나가 나물을 뜯고, 들꽃을 보고, 텃밭에 씨앗을 심기도 했어요. 어느 추운 겨울날, 우리는 큰 저수지를 따라, 산 능선을 넘어 하루 종일 걷기도 했어요. 길을 걷다 반쯤 얼어 있는 작은 연못에 찾아온 야생 물오리 식구를 한참 바라봤죠."

르나타는 가만가만 이야기를 들은 뒤 놀란 눈을 하며 내가 자라온 방식이 부르더호프의 교육과 아주 닮아 있다고 말했다. 그러고는 아이가 생긴다면 어떻게 키우고 싶은지 되물었다. 나는 잠깐 생각하고 이렇게 말했다.

"깊은 숲속에서 아이들을 키우고 싶어요. 아이들의 본래 모습을 지켜주는 사람이 되고 싶어요."

르나타는 빙그레 웃으며 좋은 엄마가 될 거라고 말했다. 나를 보고 웃는 르나타의 얼굴 위로 엄마의 얼굴이 스쳐갔다.

✦
야생 사과를 건네다

르나타가 말하는 부르더호프의 교육이 궁금해진 나는
마을에서 아이들이 어떻게 자라나는지 물었다.

"우리 마을 아이들은 놀이와 노동을 통해 배우고 자라
요. 청소년 시절까지 마을에서 운영하는 학교에 다니
는데, 학교에서는 국가가 요구하는 필수 과목과 더불
어 정치나 사회 문제, 예술 교과를 공부해요. 그 밖에
수공예, 목공, 농사 같이 손으로 일하는 기술도 배우
죠. 고등학교 때부터는 마을 밖 세상을 경험하는 교육
을 병행하는데, 청소년들은 런던에 가서 노숙자를 돕

기도 합니다. 고등학교를 졸업하면 대학을 가고 싶은
아이들은 대학을 가고요."

부르더호프에서는 노동을 아이들의 교육에서뿐만 아
니라 삶 전반에 걸쳐 중요하게 생각했다. 이곳에서는 집, 텃
밭, 장난감 공장 등 마을 곳곳에서 일하는 아이들을 쉽게
찾아 볼 수 있었다. 르나타와 버니의 아이들도 요리, 청소,
빨래는 물론이고, 동생을 돌보는 일을 마다하지 않았다. 마
을이 세워진 초창기부터 농번기에는 아이들이 농사를 짓는
사람들을 찾아가 일을 도우며 농부의 삶을 배워 나갔다.

마을에서 노동을 중요하게 생각한 이유는 예수의 사랑
을 실천하는 방법은 감상적인 말에서 나오는 것이 아니라,
실제적인 행위, 즉 노동에서 나온다고 여겼기 때문이다. 특
히 공동체 전체를 위해 여럿이 함께하는 노동은 더 중요한
의미를 지니고 있었다. 마치 수도자들이 신의 깊은 뜻을 깨
닫기 위해 노동을 수행의 한 방법으로 삼은 것처럼, 이들은
단순한 노동을 통해 아이들이 영원한 세계에 닿을 수 있다
고 믿었다.

나는 버니의 이야기를 들으며 이곳에서 자라난 아이들
이 사회로 나가 혼란을 겪지 않는지 궁금해졌고, 그의 생각

을 물었다.

"저는 이 마을에 사는 아이들이 밖의 세상과 교류하는 것이 꼭 필요하고, 중요한 일이라고 생각해요. 세상에 나가 흔들리는 과정을 통해 힘을 키우기도 하고 이곳의 귀중함을 느끼며 돌아오기도 합니다. 여기 아이들이 작은 세상에만 갇혀 있다고 말하는 사람들도 있지만, 오히려 저는 아이들이 이곳에서 세상의 불합리한 문제에 관심을 갖고, 더 많이 생각할 수 있는 사람으로 크길 바랍니다."

돌아오는 길, 우리는 야생 사과나무 한 그루를 발견했다. 아이들 손이 닿지 않는 높은 곳에 작고 단단한 초록빛 사과들이 열려 있었다. 버니와 나는 사과를 따서 하나씩 아이들에게 건넸고, 아이들은 참을성 있게 사과가 자기 손에 오기를 기다렸다.

버니는 마지막으로 내게 작은 사과 한 알을 건넸다. 세 살 된 아이의 주먹보다 작은 사과를 한입 베어먹으니, 아삭하는 소리와 함께 입 안으로 새콤하고 싱그러운 사과즙이 가득 퍼져 나갔다. 아이들을 둘러보니 우주에서 가장 맛있는 음식인 양 사과를 먹고 있었다.

영국의 신문 기사에서 사람들이 더 이상 길가에 지천으로 널린 블랙커런트 열매를 따 먹지 않고, 대형 마트에서만 구입한다는 이야기를 읽었다. 내가 만난 영국 사람들 가운데도 길가 나무에서 사과를 따는 사람은 없었다. 하지만 르나타 가족은 야생 사과를 발견하면 마치 보물을 발견한 사람처럼 눈을 반짝였다.

우리나라에도 아이에게 야생 사과를 맛보여줄 수 있는 어른이 얼마나 있을지 생각했다. 그 어느 때보다 국경을 넘나드는 셀 수 없이 많은 음식이 우리 앞에 펼쳐지고, 손쉽게 구입할 수 있는 시대가 되었다. 그래서일까 이제 우리 어른들은 아이들이 자연을 있는 그대로 접하고 그곳에서 내면을 채우는 경험을 하는 데 별다른 관심을 보이지 않는다.

르나타와 버니가 아이들과 만들어 가는 가족의 모습이 누군가에게는 가난하고 순진하며 세상을 모르는 모습으로 보일 수도 있다. 자본주의 사회가 만든 칼날 같은 기준을 들이대면 이들의 삶은 상품성이 없는, 금세 저 한편으로 밀려나기 쉬운 인생으로 보일 것이다. 그러나 시간을 함께 보낼수록 이 가족에게서 야생 사과 같은 생기가 흘러넘치는 걸 느낄 수 있었다.

우리는 집으로 돌아와 아이들과 함께 텃밭에 나무 한 그루를 심었다. "만일 오늘이 나의 마지막 날이라면, 허리를 굽혀 흙을 파고 작은 풀꽃들을 심고, 자연을 사랑하는 사람과 함께, 흙 위로 난 길을 걸으며, 우리가 자연과 더불어 진실했던 때를 기억하리라." 하고 노래한 류시화 시인의 시가 떠올랐다.

르나타와 버니는 정말 오늘이 마지막인 것처럼 자연 속에서 가장 진실하고 소중한 것을 아이들에게 내어주고, 심지어 이방인인 내게도 아낌없이 주려고 했다. 이들의 사랑이 호밀밭 위로 지나가는 바람이 되어 내 마음에 황금빛 물결을 일으켰다.

이들 가족을 바라보며 나는 어떤 삶을 살아왔고 또 살고 싶은지 더 깊이 생각하게 되었다. 답을 찾으려면 그들과 걸었던 시간보다 더 오랜 시간을 걷고 또 걸어야 하겠지만 한참을 걷다 다시 이곳을 찾았을 때, 오늘 아이들과 심은 나무가 얼마나 자랐을지 궁금하다.

◆

다정한 규율

친구와 나는 한때 수도자의 삶을 동경하기도 했다. 그래서 우리는 깊은 산속에 있는 암자나 수도원을 찾아가 잠시 머물기도 했다. 고요하고 평화로운 자연 속에서 소박한 식사를 하고, 기도와 명상을 하고, 텃밭에서 일하는 수도자들의 삶은 고귀해 보였다. 부르더호프도 마치 수도자들의 공동체와 비슷한 부분이 있어서 좋았지만, 오래 겪을수록 이들과 같은 삶을 선택하는 건 그리 단순한 문제가 아니라는 생각이 들었다.

한국에서 부르더호프는 생태마을이 아닌 기독교 공동체로 더 알려져 있다. 독일 베를린 출신의 에버하르트 아놀드가 설립자이며 종교적으로 기독교의 재세례파에 속하기 때문이다. 하지만 마을에서 형식적인 예배나 눈에 띄는 종교 예식은 보지 못했다. 이들은 일상생활에서 예수의 말씀, 특히 산상수훈을 따라 살아가는 걸 초창기부터 공동체의 가장 중심에 두었다. 구체적으로는 사유 재산 갖지 않기, 검소하게 생활하기, 노동을 함께하기, 가정적인 생활을 꾸리기, 작은 공동체 단위를 유지하기, 이웃을 사랑하기 등을 실천하려고 노력했다.

부르더호프는 독일에서 시작했지만, 나치 정권이 출범한 후 아놀드가 히틀러에게 저항하는 편지를 보내며 핍박을 받아 영국으로 건너왔다. 하지만 여기서도 이들은 독일 스파이로 의심을 받아 다시 미국, 호주, 파라과이 등을 옮겨 다니며 살아야만 했다. 그런 와중에도 이들은 반세기가 훌쩍 넘는 시간 동안 공동체를 이어 나갔는데, 그 결과 현재 4개 대륙에 걸쳐 23개의 부르더호프 마을이 있다고 한다.

부르더호프는 가족 단위를 중심으로 이루어진 공동체로 노인부터 어린아이까지 모든 연령대가 함께 산다. 기본 생활은 가족 단위로 꾸려지지만 모임, 회의, 일터에서 서로 수시로 만나며, 일주일에 몇 번은 공동 식당에서 다함께 밥을 먹는다. 마을 안에는 식당, 세탁실, 학교, 출판사, 목공소,

농장 등 이들이 살아가는 데 기본적으로 필요한 시설이 있다. 방문자들은 호스트 가족과 함께 지내며, 돈을 내지 않는 대신 공동 노동에 참여하고 원한다면 마을 회의와 행사에도 참여할 수 있었다.

나와 친구는 장난감 공장에서 일했다. 마을의 교육 철학을 담은 원목 장난감을 만드는 곳이었다. 이 회사는 아이들이 자연과 더 가까워지고, 상상력을 기를 수 있는 친환경 장난감을 만드는 곳으로 북미와 유럽에서 유명했다. 장난감 회사의 수익 덕분에 마을은 경제적으로 완벽히 자립할 수 있다고 들었다.

그런데 공장에서 일을 하고 얼마 지나서, 한 나이든 여성이 다가와 "옷을 갈아입으면 어때요? 함께 일하는 사람들이 불편해할 수도 있어요." 하고 조심스레 말을 꺼냈다. 모두가 검소하고 몸이 드러나지 않는 전통 의상을 입은 마을에서 우리의 옷은 상대적으로 눈에 띌 수밖에 없었다. 나는 긴 옷을 꺼내 입고 친구는 마을 사람들의 옷을 빌려 입었다. 이들의 문화를 세심하게 배려하지 못했다는 자책, 이들이 지금까지 나를 어떻게 바라보았을까 하는 생각에 불편한 마음이 쉽게 가라앉지 않았다.

엎친 데 덮친 격으로 우리 몸은 긴 여행을 버티지 못하고 병이 나 버렸다. 처음에는 공장에서 마을 청년들과 함께 1~2미터가 넘는 큰 가구를 포장하고 드릴을 박는 일을 했지만, 점점 힘에 부치기 시작해 몸을 덜 쓰는 일로 옮겨 갔다. 오랜 여행으로 무릎이 좋지 않던 친구는 할머니들 옆에 앉아 작은 구슬이나 부품을 색깔별로 구별하는 일을 했다.

처음에는 할머니들 사이에서 부르더호프 전통 의상을 입고 일하는 친구를 보면서 누가 할머니인지 모르겠다며 장난을 걸었지만, 하루이틀이 지나고 나서는 나도 퀭한 눈을 하고 그 옆에 앉았다. 마을 할머니들은 안쓰러운 눈으로 우리를 바라보셨다.

흐리고 쌀쌀한 영국 날씨에 몸은 더 축축 늘어졌다. 공교롭게도 우리가 머물던 시기에 마을 사람들은 점심 단식을 시작하였다. 제3세계에 사는 가난한 사람들을 위해 점심 값을 모아 보내기로 마을 회의에서 결정했기 때문이다. 우리도 마을 사람들과 함께하려는 마음에 단식에 동참했는데, 몸의 에너지가 금방 빠져나가는 것이 느껴졌다.

이들의 숭고한 정신을 함께하고 싶은 마음과 달리 몸은 그것을 이겨내지 못했고 결국 앓아누웠다. 마을에 피해만 끼치다 떠나고 마는 걸까, 우리의 여행도 이렇게 끝나는 것일까, 갈수록 초조해져만 갔다.

하루 종일 방안에 누워 부르더호프 사람들의 삶을 생각해 보았다. 나는 잠깐 여행자로 이곳의 삶을 경험하고 떠나지만 이들은 왜 평생 수도복 같은 옷을 입고, 때로는 누군가를 위해 점심도 먹지 않고서 일하는 걸까? 평소엔 한없이 친절한 사람들이지만 마을 회의에서는 숨김없이 자신의 잘못된 행동을 고백하고 공동체의 잘못된 방향을 지적하는 모습을 보면서 의문은 커져갔다. 이들은 무엇 때문에 이런 삶을 서약했는지 물어보기로 했다.

　다정한 마을 사람들은 우리를 위해 점심을 따로 챙겨주었고, 무릎이 아픈 친구를 위해 천사 같은 마을 소녀들이 매일 휠체어를 태워주러 왔다. 우리는 이들의 보살핌 속에서 조금씩 회복되었고 다시 기운을 되찾았다.

◆

마음에 마을을 짓다

부르더호프를 떠나기 전날 밤, 우리는 르나타, 버니와 함께 톰 부부를 만났다. 톰은 부르더호프에서 자랐으며, 성인이 되어 정식으로 이 마을에 살기로 서약한 지 얼마 되지 않은 사람이었다. 그들은 갓 결혼한 신혼부부로 우리와 나이가 비슷했다. 이들에게 평소 마을에 대해 궁금했던 것을 물어보았고, 서로 속마음을 털어놓으며 뜻밖의 위로를 받았다.

물음 부르더호프 복장은 어떤 의미를 지니는지 알고 싶습니다.

응답　ㅣ버니ㅣ 부르더호프의 복장은 서로를 보호하고 배려하는 의미를 담습니다. 여성의 복장은 여성들을 보호하면서 동시에 아름다움을 드러내는 디자인을 추구합니다. 남성의 옷은 예전 노동자들이 입던 디자인을 그대로 따른 것입니다.

물음　마을에서 결혼은 어떤 의미인가요?

응답　ㅣ톰ㅣ 우리에게 결혼은 정신적인 삶의 가치를 지향하는 동반자를 만나는 걸 의미합니다. 그리고 공동체 사람들이 각 가정을 지지하고 지켜줍니다. 갈등이 심했던 한 부부가 마을에 들어와 살면서 사람들의 도움으로 다시 잘 서는 걸 보기도 했습니다.

물음　의사 결정은 어떻게 이루어지나요?

응답　ㅣ버니ㅣ 만장일치제입니다. 그렇다고 아주 작은 것까지 만장일치제로 결정하진 않습니다. 예를 들어 새로운 마을 사람을 맞는 일, 약혼을 동의할 때 등 커다란 사안에 대해서만 이런 의사 결정 방식을 씁니다.

물음 부르더호프는 공유 재산을 지향한다고 들었습니다. 사람들은 경제 활동을 어떻게 해 나가나요?

응답 ㅣ버니ㅣ 이곳은 철저히 공유 재산을 유지합니다. 저는 돈을 믿지 않습니다. 우리는 월급도 없고, 개인 신용카드도 없습니다. 대신 돈이 필요할 때마다 마을 사람과 논의해서 회계 책임자에게 필요한 돈을 받을 수 있습니다. 이런 방식이 공평한가 묻는다면 물론 공평하지 않습니다. 그러나 일반적인 자본주의 사회에서의 빈부 격차는 이곳보다 더 심각하게 공평하지 않다고 생각합니다.

물음 마을 사람들이 사회 문제에도 관심이 있는지 궁금합니다. 정치적인 행동에도 참여하시나요?

응답 ㅣ버니ㅣ 때때로 우리는 '전쟁 반대 시위'와 같은 정치적인 행동에 참여하기도 합니다. 성서를 바탕으로 볼 때 전쟁은 평화롭지 않은 일이기 때문이죠. 그렇다고 정치적 행동과 시위에만 집중하는 삶을 살지는 않습니다. 가족 그리고 공동체 구성원과 분리되지 않는 일 또

한 중요하다고 여기니까요.

물음   이 마을에서는 전통이 참 중요하다고 느꼈습니다. 왜 전통적인 삶의 방식을 지키며 살아가시나요?

응답 |버니| 꼭 전통만을 따라 사는 것은 아닙니다. 하지만 전통적인 삶의 방식이 현대를 살아가는 우리에게 왜 중요한지 끊임없이 고민해야 한다고 생각합니다. 복음적인 삶, 예수의 일상을 우리의 일상으로 이어지게 하는 것이 전통 그 자체를 넘어 가장 중요하다고 생각합니다.

이야기를 나누며 이 마을의 겉모습은 낡고 엄격하게 보일지라도, 삶 가장 중심에서는 순수한 믿음과 열망을 지키려는 열정이 오랜 세월 함께했음을 느낄 수 있었다. 이들은 전통과 공동체를 지키려고 했지만, 동시에 그 속에만 갇히지 않고 지금 살고 있는 시대에서 도망가지 않기 위해 고군분투하고 있었다.

물음   저희는 잠시 마을을 경험하면서, 이곳의 가치가 아무리 훌륭하더라도 부르더호프의 삶을 그대로 살아 내는 일은 쉽지 않다고 느꼈습니다. 어떻게 이곳에서 계속 살아가기로 마음먹었나요?

응답 |톰| 저는 이 마을에서 태어났고, 두 살 때 아버지가 돌아가셨습니다. 마을 사람들이 없었다면 저희 가정은 무척 어려웠을 거예요. 몇 년 전, 어머니마저 돌아가시면서 저는 큰 방황을 했습니다. 그때 처음으로 진지하게 왜 살아야 할지, 마을에서 계속 살아야 할지 제 자신에게 물었습니다.

그렇게 어머니의 죽음에서 헤어나지 못할 때, 저보다 앞서 죽음을 경험한 마을의 할머니들이 밤마다 저를 찾아와 이야기를 나눠주고 위로를 해주셨습니다. 저는 그때 처음으로 죽음이 제 삶 아주 가까이 찾아왔음을 느꼈지만, 동시에 깊은 사랑을 나누는 경험을 했습니다. 정말 놀랍고 새로운 경험이었죠. 저는 그 뒤로 공동체에서 함께 사는 것이 얼마나 중요한지 깨달았고, 이 마을에서 살 결심을 했습니다.

우리와 나이가 비슷한 톰이 어머니를 잃고, 그 고통을

누구보다 잘 아는 어른들에게 위로를 받으며, 마을에 살아야 할 절실한 이유를 찾았다는 이야기를 듣는 동안 가슴이 뭉클했다. 죽음 위에서 새로운 삶을 찾아 나서는 그의 모습을 보면서, 장난감 공장 일이 힘들어 풀썩 주저앉았던 내가 한없이 작고 어려 보였다. 마을에 단단하게 뿌리를 내리려고 하는 톰의 모습이 용감해 보였고 우리도 언젠가 내가 원하는 바를 찾아 삶을 던질 수 있는 날이 오기를 바랐다.

긴 이야기가 오간 끝에, 마지막 질문을 했다.

물음 저희도 부르더호프 사람들이 사는 것처럼 조금 다른 삶과 공동체를 찾아 여행을 다녔습니다. 하지만 이제 돌아가야 할 때가 되었습니다. 그래서 여행은 여행일 뿐이지, 우리의 일상이 되지 못한다는 생각에 마음이 공허해집니다. 다시 혼자가 된다는 것이 두렵기도 하고요. 저희는 이제 어떻게 살아가야 할까요?

응답 |버니| 당신들은 결코 혼자가 아닙니다. 이미 서로에게 뜻을 나눌 수 있는 친구가 있으니까요. 그것으로 이미 공동체입니다. 여행길에서 받은 씨앗들은 때가 오면 싹을 틔울 거예요. 그 씨앗들이 자라고 새로운 삶이

당신에게 찾아올 겁니다. 걱정하지 말아요.

그의 말을 듣는 순간 내가 찾는 곳, 공동체, 생태마을이 물리적 장소라고만 여겼던 고정관념이 깨졌다. 서로 뜻을 나누는 사람이 있다는 것으로 이미 공동체라는 그 짧은 문장은, 공동체를 찾아 헤맨 우리에게 가장 진실한 위로가 되었다.

세상이 두렵게만 느껴졌던 내게, 버니는 내가 볼 수 없던 것을 가리켜주는 듯했다. 마음 속 가득 찼던 거센 비바람과 구름이 걷히고, 작고 빛나는 별이 하나둘씩 떠올랐다.

사실 버니와 함께 지내며 가끔은 그가 철저하고 딱딱한 사람으로 느껴지는 순간도 있었다. 그러나 그날 밤 이야기를 나누며 버니의 말과 행동 뒤에는 따뜻한 신념이 함께함을 보았다. 그는 자신의 신념을 다른 누군가에게 강요하지 않고, 스스로 신념을 따라 살기 위해 부단히 노력하는 존재였다. 딱딱하게만 보였던 버니의 내면에 그가 지키고자하는 한없이 부드러운 무언가를 느낄 수 있었다.

방 안에 돌아와 책상에 앉으니 빗소리가 들렸다. 트라피스트 수도회 신부이자 영성가인 토머스 머튼은 부르더호프가 추구하는 것은 친목도, 돈도, 민족성도, 계급도 아닌 그 너머에 있는 무엇이라고 했다. 이들은 그 너머 무엇을 보는 것일까. 언젠가 나도 그 세계를 볼 수 있을까? 작은 엽서에 이들을 향한 고마운 마음을 적어 내려갔다. 빗소리는 토닥토닥 마음을 어루만져주었다.

다음 날, 부슬부슬 비가 내리는 진흙 길을 지나 버스를 타러 나섰다. 여행이 끝난다는 생각에 슬퍼졌지만, 어젯밤 버니가 했던 이야기를 떠올리며 마음을 다잡을 수 있었다. 그렇게 길을 걷는데 멀리서 누군가 아주 큰 소리로 내 이름을 불렀다. 뒤를 돌아보니 르나타와 첫째 딸 케이트가 양팔을 흔들고 있었다.

"우인, 꼭 연락해요."

르나타의 눈이 슬퍼 보였다. 그의 마음이 전해지며 가슴이 저려 왔다. 나는 손을 크게 흔들며 소리쳤다.

"모든 것이 다 고마워요."

다시 길을 걸으며 어젯밤 톰의 이야기를 떠올렸다. 비록 사랑하는 어머니는 떠났지만 어머니가 남기고 간 사랑이 할머니들을 통해 톰에게 다시 찾아왔듯이, 여행길에서 만난 사람과 자연이 우리에게 뿌려준 씨앗도 언젠가 반드시 싹을 틔울 것이라는 믿음이 생겼다.

이제 친구의 손을 잡고 우리가 있던 곳으로 돌아가 길 위에서 받은 선물을 풀어놓아야겠다고 생각했다. 버스를 타고 추적추적 비가 오는 영국 시골길을 달려 시가지로 들어서니 마치 미래 세계로 온 것 같았다. 나는 가만히 가슴에 손을 얹고 부르더호프에서 받은 선물을 느껴 보았다. 차가운 가을비 속에서도 모닥불 앞에 있는 것처럼 환하고 따뜻한 기운이 차올랐다.

별의 노래

"아름답지 않나요?"
아이가 말을 걸어왔다

창문으로 눈길을 돌렸지만
짙은 어둠만이 눈에 들어왔다

아이는 작은 손가락을 들어
어두운 하늘에 꼭꼭 박혀 있는
작은 빛, 별을 가리켰다

그 순간, 아이는
내 안에 있지만
내가 정작 볼 수 없던
어떤 세계를 가리켰다

길 위의 어둠이 걷히고
별빛이 내려왔다

5장

나와 타인을
사랑하는 방법은 뭘까

핀드혼Findhorn ✦
─────────

스코틀랜드

||||||||||||||||||||||||||||||||||||||||||||||||||||||||||||||||||||||||||||||||||||||||||||||||

✦ 　　　　스코틀랜드 북동부의 작은 바닷가 마을로 1962년 에
일린 캐디, 도로시 매클린, 피터 캐디가 설립했다. 평범
한 세 사람이 생계를 위해 모래밭에서 18킬로그램의
양배추를 길러 낸 일을 시작으로 세상에 알려졌다. 영
성가, 히피, 정원가, 연구자 등 많은 사람이 찾아오면서
서구 사회에서 생태·영성마을의 중심지로 거듭나고
있다. 해마다 수천 명의 방문자들이 찾는 곳으로 이들
을 위한 다양한 교육 프로그램을 진행하며 세상과 소
통한다.

www.findhorn.org

한국이 싫어서

생태마을 여행에서 돌아와 대학교, 고등학교 후배들에게 이야기를 몇 차례 들려줄 기회가 있었다. 그때마다 여행에서 배우고 느낀 것들이 맑은 샘물처럼 흘러나왔고, 우리 이야기를 듣고 작은 희망을 찾아 각 마을을 찾아 나선 후배와 친구들이 꽤 생겼다. 그 사이 나와 친구는 대학을 졸업했고, 나는 대학연구소에서 서울시와 함께하는 노숙인을 위한 인문학 프로젝트 실무자로, 친구는 환경단체 활동가로 사회생활에 뛰어들었다. 생태마을에서 보고 배운 것들을 나누겠다는 마음으로 꿈에 부풀었다.

하지만 현실은 척박했다. 작은 사무실에 앉아 서류 작

성만 하는 날들이 계속 되었고, 일을 잘 해내야 한다는 부담감과 실수투성이인 나에 대한 실망감은 커져만 갔다. 나는 '이 정도는 힘든 일도 아니야. 그리고 지금 하는 일은 의미가 있는 거잖아'라고 되뇌며 견뎠지만 내 자신이 큰물에 휩쓸려 떠내려가는 힘없는 작은 물고기 같았다.

반년이 지난 가을 밤, 쓰레기를 버리러 밖으로 나갔더니, 집 앞 은행나무 가지가 몽땅 다 잘려 혼자 우두커니 선 모습이 눈에 들어왔다. 자동차 소리만 공허하게 울려 퍼지는 밤하늘 아래, 나무는 잘린 속살을 드러낸 채 쓰레기 더미 한가운데 서 있었다. 흙 한 줌 찾을 수 없는 메마른 아스팔트 위, 은행나무는 애처롭다 못해 곧 죽을 날을 기다리는 사람처럼 서늘한 바람을 홀로 맞고 있었다. 그만 눈물이 왈칵 쏟아졌다. 밤새 나무를 부둥켜안고 함께 울고 싶었다. 문득 스코틀랜드의 작은 마을, 핀드혼Findhorn에서 만난 스위스 친구 콜린의 말이 떠올랐다.

"자연을 보고, 듣고, 느낄 수 있다는 건 마음이 열려 있기 때문이야. 마음을 연 그 순간 모든 생명은 눈부시게 아름다워."

이제는 선진국 반열에 올랐다고 하는 한국의 수도 서울에 살았지만, 정작 내 삶은 초라하기 그지없었다. 그동안 여행에서 배운 것들, 삶의 본질과 점점 멀어지고 있다는 생각이 들었다. 꿈을 꾸며 찾아다녔던 생태마을과 지금의 현실, 나는 두 세계의 경계선에서 어느 쪽으로도 움직이지 못하고 있었다.

비슷한 시기 여행에서 돌아온 나의 친구, 동생, 청년 들 역시 힘들어 하고 있었다. 우리는 어디로 가는지도 모르는 거대한 사회 속에서, 가지를 다 잘린 은행나무처럼 앙상한 모습으로 뿌리내리지 못하는 삶을 살고 있었다.

한국 사회는 사람도 나무도 저마다 지닌 섬세한 감각들을 마구 도려내어, 아프다는 사실조차 느낄 수 없게 만드는 곳 같았다. 이런 나와 우리에게 생태마을 사람들이라면 꼭 필요한 이야기를 들려줄 수도 있겠다는 생각이 들었다. 그러기 위해서는 먼저 나부터 다시 서울이라는 중심을 벗어나 변방의 세계로 가야 함을 느꼈다.

주변 어른들은 '일을 멈추면 안 된다, 일하기 싫으면 공부를 해라, 언제까지 허황된 꿈을 꾸고 있을 거냐.'라고 말씀하셨다. 하지만 나는 내 안의 소리에 먼저 귀를 기울이고 싶었다. 일을 하고 경력을 쌓고 돈을 모으는 것도 중요하겠지만, 나는 그보다 더 중요한 것들을 배우고 싶었다.

생태마을에서 나는 개인적인 위로와 휴식만을 취한 것이 아니라 우리가 사는 지구의 위기와 앞으로의 세계에 대한 비전을 보았다고 생각한다. 넘쳐나는 환경 문제와 기후 위기 속에서 우리의 삶은 어떠해야 할까. 나는 고여 있지 않기로 했다.

이후 나는 영국 서머셋 지역의 교육센터에서 일하며 더 장기적인 여행 계획을 세웠다. 틈나는 대로 생태마을에 대한 정보를 모았고, 유럽의 6개 생태마을을 방문하기로 했다. 이번에는 한 마을에서 최소 한 달 이상씩 지내기로 결정했다. 그동안 모은 돈으로 마을에서 진행하는 교육 프로그램을 듣고, 생태마을의 설립자와 전문가를 만나는 계획도 세웠다. 마을마다 연락을 취해 방문 날짜를 정한 뒤 비용을 아끼기 위한 방법을 궁리했다. 노동은 기본이고, 여행 목적과 내 경제 상황을 구구절절 설명하는 장문의 이메일을 쓰고, 장학금을 신청하며 적극적으로 도움을 요청했다. 그 사이 겨울과 봄이 지나가고 여름이 찾아오던 무렵, 나는 드디어 영국 북쪽 끝에 있는 작은 마을, 핀드혼으로 날아올랐다.

◆

정령을 믿는 평범한 사람들

인버네스 공항에서 비행기가 하강할 때부터 노란 물결
이 어른거렸다. 스코틀랜드에 자생하는 노란 가시금작화가
한창 꽃을 피우고 있었다. 공항에 내리니 거칠고 투박한 스
코틀랜드 악센트가 들려왔다. 나를 태운 택시는 가시금작
화가 이어진 해안선을 따라 달렸다. 핀드혼은 가시금작화에
얽힌 일화가 있다. 설립자 중 한 사람인 피터가 들판에 사과
나무와 구스베리 나무 사이에 엉켜 자라는 가시금작화를
베려고 했다. 그때 록이라는 마을 사람이 그 속에 가시금작
화 요정이 살고 있으니 나무를 함부로 자르면 안 된다는 충
고를 했는데, 영국 장교 출신인 피터는 그 말을 믿고, 순순

히 가시금작화 자르는 일을 그만두었다고 한다.

이런 동화 같은 이야기가 요즘 같은 시대의 일이라니 놀라웠다. 그런 사람들이 사는 마을로 직접 찾아간다는 생각에 가슴이 뛰기 시작했다. 택시가 교외로 빠져나가 속도를 낼수록 가시금작화의 환상적인 금빛 물결 속으로 빨려들어갔다.

마을 어귀에 들어서니 달콤한 향이 코에 닿았다. 마치 코코넛 가루를 온통 마을 위로 뿌린 것 같았다. 온 마을이 가시금작화 향에 취해 있었다. 작은 게스트 오피스에 들르니 긴 원피스를 입은 여자 분이 나왔다. 그가 다정한 목소리로 여기까지 오느라 고생이 많았다며 내 등을 쓸어내리자, 몸을 타고 흐르던 긴장감이 사라져 버렸다.

마을에 들어서니 사람들이 미소를 지어 보였다. 마을 안에는 생태건축 방식으로 지어진 60여 채의 집들이 여름 햇살에 빛났다. 마을 건너 바닷가 쪽에는 에너지 자립을 위해 세워진 풍력 발전기가 바닷바람을 맞으며 빙글빙글 돌았다. 마을 안쪽으로 더 걸어 들어가니 영국 북쪽 끝 척박한 땅에 왔다고는 상상할 수 없을 만큼 텃밭, 정원, 산책로, 농장을 가리지 않고 수많은 꽃들이 흐드러지게 피어 있었다. 붉은 개양귀비, 하늘빛 물망초, 자줏빛 해당화, 연분홍빛 우아한 서양 접시꽃, 아이리스를 보면서 나는 연신 마음속으로 탄성을 질렀다. 꽃 주변에는 빛들이 어른어른 거리는 것 같았다. 나는 이 아름다운 마을이 처음 시작된 곳으로 알려진 작은 캐러밴(휴가용 캠핑카) 앞으로 발걸음을 옮겼다.

스코틀랜드 북동쪽의 볼품없던 척박한 땅 핀드혼이 세상에 알려진 계기는 바로 이 캐러밴 앞 텃밭에서 키운 '양배추' 때문이다. 1962년, 마을의 설립자인 피터, 에일린, 도로시는 이곳에서 8킬로미터 떨어진 클루니힐 호텔에서 성실하게 일하다 갑자기 모두 쫓겨나 직장을 잃었다. 그 후 구직 활동을 번번이 실패하여 생계를 꾸려갈 자금이 없던 이들은 이동식 주택인 캐러밴에 살며 텃밭에 먹거리를 기르기 시작했는데, 기적처럼 무려 18킬로그램에 이르는 거대한 양배추가 자라났다. 이 사실이 알려지며 세계 각지에서 정원사, 영성가, 과학자, 히피, 종교인, 예술가, 연구자 등 많은 사람들이 찾아왔고, 1969년 영국 BBC가 이들의 이야기를 다큐멘터리로 제작하며 핀드혼은 세상에 본격적으로 알려진다. 가난하고 평범해 보이는 이들의 삶 속에서 신비로운 일이 벌어진 것이다.

"우리는 정말 평범한 사람들입니다. 이렇게 많은 사람

들이 핀드혼을 찾아올 줄 몰랐습니다."

에일린이 BBC 인터뷰에서 한 말이다. 그런데 이 평범한 영국 주부인 에일린은 사실 신의 음성을 듣고 있었다. 에일린은 식습관, 퇴비를 만드는 법, 자녀를 키우는 법, 우주의 진리에 이르기까지 신이 자신에게 많은 이야기를 들려주었다고 말한다. 그는 세 아이를 기르며 바쁜 일상 가운데 이 목소리를 받아 적었다. 또 다른 설립자인 도로시는 자연 정령과 소통할 수 있었다. 피터는 이 두 여성의 안내에 따라 텃밭을 가꾸다 커다란 양배추를 길러 낸 것이다.

핀드혼은 7년 만에 200명이 사는 커다란 공동체로 성장했고, 스물세 살의 젊은 영성 지도자 데이비드 스팽글러가 오면서 마을은 다시 한번 커다란 변화를 겪는다. 그는 핀드혼이 농장뿐만 아니라 영성 교육의 중심지로 거듭날 수 있다는 비전을 보았다. 1975년 클루니힐 호텔에 교육센터를 설립하며 핀드혼은 뉴에이지 운동을 포함해 유럽 영성 교육의 중심지가 된다.

1980년대에 들어 사회·경제·생태·문화 측면으로 균형 있는 마을 환경을 조성하면서 핀드혼은 본격적으로 생태마을 프로젝트를 시작한다. 풍력발전기와 250킬로와트의 바이오매스 보일러와 리빙머신living machine이라고 불리는 생태적으로 설계된 하수 정화 장치 등을 고안하고 마을에 설치한 것이다.

사람들의 사회활동과 경제활동을 위해 공연장, 공동식당, 협업 농장, 도자기 공방, 도서관, 카페, 아트센터 등을 마련하고 더불어 출판, 교육 등의 다양한 분야를 담당할 단체들도 세웠다. 또한 핀드혼에서는 마을의 경제적 자립과 활성화를 위해 에코Eko라 불리는 지역 화폐를 사용한다. 이런 생태마을 프로젝트 이후 핀드혼 마을 사람들의 개인당 평균 생태발자국(음식, 주거, 에너지, 여행, 소비품, 자본 투자 등 포함)은 2.71GHAglobal hectares로 영국인들의 평균 생태발자국인 5.1GHA에 비해 약 50퍼센트 적은 수치로 조사되었다.

핀드혼이 지닌 가치와 삶을 지향하는 사람들의 수가 늘어나고 지역사회로 확대되면서 이들을 묶어줄 조직이 필요해졌고, NFANew Findhorn Association라는 조직체가 나타났다. 이곳의 세 가지 핵심 원칙은 설립자들의 비전에 따라 내면의 깊은 소리 듣기deep inner listening, 자연과 공동 창조 co-creation with nature, 사랑으로 행동하기love in action다.

NFA구성원은 마을 반경, 약 80킬로미터 안에 있는 협동조합이나 사회적 기업의 형태를 띤 다양한 단체와 개인을 포함한다. 현재 350명의 개인과 40개의 조직이 NFA에 가입되어 있는데, 바로 이들이 핀드혼 주민이라 불린다. 이 조직은 풀뿌리민주주의를 지향하며 달마다 회의를 열어 마을과 관련된 여러 사안을 토론하고 민주적인 의사 결정 방식을 통해 중요한 안건을 결정한다.

90년대 이후 핀드혼은 대표적인 생태마을 모델로서 많은 영감을 불러일으키며 운동의 중심에 선다. 더불어 국제사회에도 그 이름을 알려 유엔훈련연구기구UNITAR의 국제연수센터CIFAL로 지정되면서, 유엔UN과 협력하여 지속가능한 사회모델로서 여러 교육 프로그램을 진행하였다. 특히 2001년에는 핀드혼 대학Findhorn College을 설립했고, 현재 세계 생태마을 네트워크인, 젠GEN과 그 산하의 교육기관인 가이아 교육Gaia Education 본부가 이곳에 있다. 해마다 만명이 넘는 방문객들이 찾아들 정도로 핀드혼은 마을 밖 사람들에게도 활짝 열려 있고, 유연하게 세상과 소통하고자 한다.

방문자들은 일반적으로 게스트 하우스에 머물 수 있지만, 이곳의 삶을 깊이 경험하고자 한다면 교육 프로그램에 참여하는 것이 좋다. 체험주간experience week은 가장 인기있는 프로그램으로 전 세계에서 찾아온 사람들과 농장, 식당 등 일터에서 마을 사람과 함께 일하며 일주일 동안 여러 측면에서 마을을 경험할 수 있다.

이 프로그램을 듣고 더 오래 머물고 싶은 사람은 공동체 안에서 살기living in community라는 프로그램에 지원해 볼 수 있다. 그 이후에는 별다른 비용 없이도 마을에서 일할 수 있는 자격이 주어지고, 원한다면 정식 마을 구성원이 되는 절차도 밟을 수 있다. 나는 대학생 때 체험주간을 경험했기 때문에 이번에는 영성 프로그램 하나와 '공동체 안에서 살기'를 신청할 수 있었다.

한여름 핀드혼에서는 밤 10시가 되어서야 붉은 노을이 바다로 내려간다. 지구의 북쪽 끝에 가까이 왔음을 실감하는 순간이다. 날이 어두워질수록 꽃들의 향기는 짙어 갔다.

◆

내면의 깊은 소리 듣기

나는 영성 프로그램을 끝내고 전 세계에서 모인 장기 거주자들과 함께 생활을 시작했다. 핀드혼에서 일상은 흔히 생태마을을 찾는 사람들이 기대하는 어떤 동화 속의 한 장면과 달리 정말 단순하고 소박하다. 마을 사람들은 명상을 위한 방에 모여 아침 명상을 하는 것으로 하루를 시작하고, 이후 제각기 일터로 발걸음을 옮긴다.

이곳에서는 모든 일을 시작하기 전에 '조율tuning'을 한다. 조율은 일종의 의식으로 어떤 일을 할 때 그 일을 하는 사람들이 모여 일하는 장소에서 촛불을 켜고 원으로 둘러앉아 눈을 감은 채 서로 손을 잡고, 안내자의 말에 따라 자신의 모든 의식을 자신이 일하는 공간, 동료, 일로 초점을 모으는 행위다. 조율을 통해 마음과 몸의 긴장감을 이완하고, 마음을 조화로운 상태로 돌린다. 처음에는 낯선 느낌을 많이 받았지만 점점 이 과정을 통해 내가 일하는 일터와 사람들에게 집중할 수 있었고, 나중에는 일을 하는 것만으로도 마음이 차분하고 편안해짐을 느낄 수 있었다.

핀드혼에 머무는 동안 나는 마을 공동 식당에서 일했다. 이곳에서는 마을 사람들과 방문객들의 점심과 저녁을 준비한다. 날마다 8명의 마을 사람들과 함께 200인분의 음식을 준비했다. 일이 끝나면 사람들과 이야기를 하거나 바닷가나 숲을 산책했고, 마을에서 열리는 다양한 워크숍과 행사에 참여하는 것으로 하루를 보냈다.

어느 날 저녁, 나는 현재 NFA의 핵심 멤버인 파비앙과 이야기를 나누었다. 그는 아프리카 튀니지 출신으로 열 살 때 프랑스로 넘어와 살았고, 핀드혼 초창기 시절부터 함께해왔다. 파비앙은 생태마을을 여행 중이라는 내 이야기를 듣더니 이렇게 조언해주었다.

"저는 생태마을이나 공동체, 새로운 세상을 찾아 여행을 떠난 청년들을 수없이 만났습니다. 그들은 제게 공동체를 만들기 위해 무엇을 해야 하는지 물었죠. 어떤 청년은 건물을 지을 땅도 있고 돈도 있다고 했습니다. 그때 저는 이렇게 말했어요. 건물을 짓기 전, 마을을 만들기 전, 우리가 가장 먼저 할 일은 우리들 내면에 공동체를 짓는 일입니다. 바로 자신의 내면에서 울리는 깊은 소리를 들어야 합니다.”

파비앙의 이야기를 들으며 '내면에 공동체를 짓는다'는 의미가 무엇인지 더 깊이 배우고 싶었다. 파비앙의 파트너이자 음악가인 바바라가 진행하는 한 워크숍에 룸메이트인 요시에와 참여했다. 요시에는 유네스코에서 일하다 몸이 아파져서 잠시 일을 쉬던 30대 초반의 일본인 친구로, 우리 둘은 밤마다 방에서 많은 이야기를 나눴다.

굵은 비가 떨어지는 일요일 아침, 우리는 워크숍이 열리는 샴발로라는 장소로 향했다. 이곳은 승려들이 사는 곳으로 건물 안에는 달라이 라마 사진과 부처상이 보였다. 70명쯤 되는 사람들이 원을 이루어 앉았고 향이 피어올랐다. 무지갯빛 긴 스카프를 늘어뜨린 바바라 옆에는 기타와 플루트를 든 인도 아저씨가 있었다.

바바라는 오스트리아 출신 음악가로 마을을 찾은 전

세계 사람들에게 다양한 음악을 배웠다. 하와이 전통 음악, 아프리카 토속 음악, 아메리카 원주민 음악, 수피 음악 등 전 세계를 찾아다니며 공동체를 하나로 묶어주고 자연의 신성함과 내면의 지혜를 일깨우는 노래와 춤을 수집했다. 그렇게 수집한 노래를 공동체나 마을 안에서 여러 사람이 쉽게 부를 수 있도록 음악가들과 함께 편곡했고 무용가와 함께 협업해 그 위에 어울리는 동작을 입혔다. 현재 바바라는 핀드혼뿐만 아니라 전 세계를 다니며 자신이 수집하고 재창조한 노래와 춤을 예술가, CEO, 교사 등 여러 그룹과 나누고 있다.

먼저 바바라의 안내에 따라 우리는 손을 잡고 원을 그렸다. 느리고 쉬운 곡조의 노래를 몇 번 반복해서 함께 익히고 춤 동작을 배웠다. 춤은 굉장히 단순해서 누구나 따라 할 수 있고, 동작의 대부분은 발과 손을 느리고 부드럽게 움직이는 것으로 충분했다. 참가자들이 원을 그리며 도는 이 춤은 신성한 써클 댄스Sacred Circle Dance라고 불리는데, 움직이는 명상 또는 명상 춤으로도 알려져 있다. 부드럽고 단순한 몸동작을 통해 마음과 몸, 정신을 일치시켜 내면을 고요한 상태로 돌리는 것을 목적으로 한다.

플루트와 기타 소리에 맞춰 우리는 노래와 춤을 추었

다. 천천히 다음 노래 또 그다음 노래를 부르고 파트너를 바꿔가며 춤을 추기도 했다. 젊은 사람, 나이 든 사람 할 것 없이 원 안에 있는 사람들은 서로의 눈을 편안히 바라보았다. 부드럽게 흐르는 가락에 따라 노래를 부르고 춤을 추고 있으니 점점 몸과 마음이 편안해졌다.

그런 상태에서 노래 한 곡이 흘러나왔다.

오, 저를 제 모습 그대로 받아주세요.
제가 본래 되어야 하는 모습으로 저를 불러내 주세요.
제 가슴 위로 당신의 무늬를 남기시고
제 안에 머물러 주세요.

노래가 끝나고, 다시 시작되고, 앞에 있는 파트너는 계속 바뀌었지만 노래 가사처럼 우리는 서로를 있는 그대로 받아준다는 느낌으로 춤을 추었다. 부드러운 눈빛과 몸동작을 통해 서로를 받아들이려고 했다. 그동안 가슴속에 쌓아둔 아픔을 어루만져주는 것 같아 눈물이 흘러나왔다. 눈물이 멈춰지지 않아 어찌할 줄 모르는 나에게 앞에 서 있던 아주머니는 두 눈을 부드럽게 깜박이며 괜찮다고 말해주셨다.

늘 부족하다는 생각이 앞섰던 나였다. 그렇게 약해서 어쩌냐는 소리를 듣기 싫어 더 강해지려 했다. 화려한 삶을 사는 사람들 속에서 내가 한없이 초라해 보였다. 사람들에게 내면의 소리를 따라 살자고 말하면서도 정작 나 역시 그 소리를 듣는 법을 잊어버리고 말았다. 그런데 이렇게 많은 사람들과 교감하면서, 내면 깊은 곳에서 작은 소리가 들려왔다.

"저 들에 피어난 꽃처럼 너는 아름답다. 너는 지금 이대로 부족함이 없고 완전하다. 지금 이 순간 너는 너 자신, 본래의 너로 돌아왔기 때문이다. 두려워하지 말라. 사랑하는 딸아, 내 품에 안겨라. 내 안에, 바로 여기에 살아라."

작은 소리는 점점 커졌다. 노래의 파동은 점점 방 안 가득히 번져 갔다. 모든 춤과 노래가 끝난 뒤 우리는 잠시 명상을 하고 밖으로 나왔다. 나무와 풀들은 비에 씻겨 더 맑아 보였고 옆에서 걷는 요시에의 얼굴도 빛나 보였다. 그동안 우리 몸을 아프게 했던 것들, 우리를 짓누르던 것이 스르르 몸 밖으로 빠져나가기 시작했음을 느꼈다. 우리의 몸을 타고 풀, 바위, 모래, 새, 나무, 벌레 온 생명을 품어주는 이 땅의 공기가 들어왔다. 우리는 나무처럼 뿌리와 가지를 뻗어 그것을 흠뻑 받아안았다.

♦

자연과 인간의 회복

"오솔길 아래로 길게 내려온 풀잎을 잘라주어 정원에
에너지가 잘 흐르도록 해봐요. 계단 옆 물망초가 심어
진 작은 밭에는 식물들이 빼곡히 자라 서로 숨 쉴 틈
이 없으니, 풀을 솎아주면 조금 더 넓은 공간에서 꽃
과 풀이 잘 자랄 수 있을 거예요. 풀들이 하는 이야기
를 들어봐요."

대학생 시절, 처음 핀드혼 파크 농장에서 일할 때 들은
이야기였다. 잡초를 뽑으라는 이야기를 이런 방식으로 설명
하는 건 처음이었다. 스반홀름이라 부르는 덴마크 유기농업

농장에서 일할 때는 하루 종일 허리 한번 펴지 못하고 끝이 보이지 않는 밭에서 풀만 뽑은 적도 있었다. 나는 이때까지 유기농업에서도 제초는 당연한 절차라 여겼다. 하지만 퍼 머컬쳐, 자연농, 숲 정원에 대해 공부하면서 풀을 뽑는 일이 지력을 높이는 데 반드시 필요한 행위가 아닐 수도 있음을 알았다.

핀드혼 초창기 사람들은 유기농업에 대해 전혀 몰랐지 만, 화학비료나 농약을 전혀 사용하지 않고 죽은 갈매기 시 체나 해초를 가져다 퇴비로 만들어 땅에 넣었다는 일화를 읽었다. 척박하던 모래땅의 지력을 높이려고 갖은 애를 썼 음을 짐작할 수 있었다. 다만 초창기 이들이 사용한 방법은 인간의 이론과 연구에 바탕을 둔 것이 아니라 풀, 나무, 두 더지, 토끼와 자연 정령 그리고 신과의 소통에서 나온 지혜 를 통해 이루어졌다고 한다.

아무리 바쁜 시간이라도 핀드혼 사람들은 일터에서 살 아 있는 생명뿐만 아니라 자신들이 쓰는 물건을 소홀히 대 하지 않았다. 파크 부엌에서 일을 하던 어느 날, 어떤 사람 이 내게 "간달프 좀 데려와, 간달프"라고 했다. 나는 '반지의 제왕에 나오는 멋있는 이름을 가진 사람이 있네'라고 생각 했지만, 그런 이름을 가진 사람은 찾지 못했다. 다음 날 감자 쓰는 기계를 다루는 법을 배우는데, 그 기계의 이름이 간달프였다. 마을 사람들은 농사 기구, 버스 심지어 청소기에도 이름을 붙였다. 이들은 살아 있는 생명체뿐만 아니라 무생물도 신성하게 여겼다.

신실한 기독교 신자인 영국인 친구는 스코틀랜드에 있는 생태마을에 간다고 하자, "그 특이한 사람들이 산다는 핀드혼이라는 마을에 가는 건 아니지?"라고 물으며 의심스러운 눈초리로 나를 보았다. 가톨릭 집안에서 자란 나 역시 이들의 문화가 처음에는 무척 낯설었지만, 이런 믿음과 습성이 자연과 땅을 신성하게 여기던 과거 켈트족 문화의 일부이며 그것이 핀드혼으로 연결되었다고 생각하니 이들의 행동도 편안하게 받아들일 수 있었다.

이들은 다만 세상을 조금 다른 차원으로 바라볼 뿐이었다. 아스트로 샤머니즘Astro Shamanism을 처음 연구하기 시작한 프랑코가 진행하는 일주일간의 영성 훈련을 들으며 이들이 보는 세계로 조금 더 깊이 들어갈 수 있었다.

프랑코의 프로그램 표를 받았을 때 나와 요시에는 웃음을 터뜨렸다. 시간표에 언어 대신 상징들만 그려져 있었기 때문이다. 길고 하얀 머리를 풀어내린 프랑코는 마치 엘프나 고대의 샤먼처럼 보였다. 그는 내가 식당에서 일한다는 이야기를 듣고서 이렇게 이야기했다.

"우리가 먹는 음식은 굉장히 중요합니다. 음식이 몸으로 들어와 나의 몸과 함께 교감해 신체뿐만 아니라 정서적, 지적 영역에도 영향을 끼치기 때문이죠. 어떤 음식을 어떤 마음으로 먹느냐는 자신의 삶을 어떤 방향으로 만들어 나갈지 길을 정하는 것과 같아요. 성서에서도 예수가 제자들과 함께 음식을 나눠 먹는 행위에 중요한 의미가 깃들어 있듯이 말입니다. 그래서 식당은 어느 곳에서든지 아주 중요한 장소입니다."

프랑코와 함께 보낸 일주일은 신비로웠다. 핀드혼에서는 프로그램을 진행하는 사람들을 포컬라이저focalizer 즉, 초점을 맞추는 사람이라고 불린다. 실제로 프랑코는 프로그램 참가자들에게 자신이 보고 느끼는 세상을 전달하려고 노력했다. 그의 관점과 시선으로 바라본 세상은 분명 내가 기존에 알던 것과는 달랐다. 프랑코와 우리는 숲속과 바닷가를 돌아다니며 명상에 잠기거나, 신비로운 악기 소리에 몸을 깨우기도 했고, 점성학에 대해서도 공부했다. 프랑코와 함께 있으면 마법학교에 처음 온 해리포터처럼 내가 지금 어떤 세상에 와 있는지 알아차리기 어려웠다. 프랑코와 가까워지고 궁금한 것을 물었다.

"당신은 샤먼인가요?"

프랑코는 자신이 샤먼이 아니라 점성학과 샤머니즘을 연구하는 사람이고, 고대부터 샤먼들이 쓰던 여러 방식을 통해 우리 내면에 있는 높은 차원의 자아를 발견할 수 있도록 안내한다고 이야기했다. 참가자가 내면의 목소리를 듣도록 안내해준다는 것이다. 다른 참가자들의 경험이 어떤 건지 궁금하다는 얘기에 프랑코는 흔쾌히 한번 해보자고 했다.

우리는 작은 방에 원으로 둘러앉아 눈을 감았다. 프랑코는 짧은 문장으로 안내를 하고, 커다란 북을 둥둥둥 울리기 시작했다. 북소리는 어느새 방을 가득 채웠고, 귀는 점점 멍멍해졌다. 이내 북소리가 작아지고 점차 징과 비슷한 악기가 내는 울림이 강하게 퍼져 나갔다. 이윽고 긴 침묵이 이어지고 시간이 꽤 흐르고 나서 우리는 깨어났다. 소감을 나누는 시간에 어떤 사람은 눈을 감고 본 이미지를 말하기도 했고, 알 수 없는 소리를 들었다는 사람도 있었다. 나 역시 어떤 무의식의 세계로 빨려 들어가는 느낌이 들었다고 말했다. 프랑코는 이렇게 덧붙였다.

"여러분이 오늘 비전을 보거나 소리를 듣거나 한 것은 우리가 본래 가졌던 감각이 회복되었기 때문입니다. 이 감각은 미디어처럼 여러분이 믿는 신이나, 혹은 높은 자아와 연결시켜주는 송신기 같은 역할을 합니다. 현대에 이런 방법을 낯설기만 합니다, 하지만 스스로 훈련을 한다면 내면의 깊은 곳에서 올라오는 소리를 듣게 될 것입니다. 사람마다 신 또는 높은 자아와 소통하는 법은 각각 다릅니다. 자신만의 방식을 천천히 찾아가 보세요."

우리는 그 뒤로도 나무, 식물과 교감하는 방법 같은 것들을 계속 배워 나갔다. 처음엔 뭔가 손에 잡히는 뚜렷한 느낌을 받지 못했지만, 시간이 지나면서 분명 나의 감각이 확장되고 그 감각 안에서 나와 다른 생명을 지금까지와는 다른 차원으로 인지하고 느낄 수 있었다. 이 마을에 사는 사람들은 프랑코가 연구하는 방법 이외에도 놀이와 예술, 농업, 교육, 환경 등 다양한 주제로 여러 훈련을 개발하여 깊은 내면과 자연에 연결되는 방법을 찾고, 여러 교육 프로그램으로 체계화시켰다. 이런 훈련들이 이들의 평범한 일상을 다르게 만들어 나갔던 것이다.

사실 프로그램에 참여하면서도 나 역시 영성이나 영성 훈련에 대해 잘 알지는 못했다. 처음 핀드혼을 방문했던 2007년만 해도 '영성spirituality'이라는 단어는 한국 사회에서 낯설기만 한 단어였다. 하지만 점차 많은 사람들 사이에서 영성이라는 단어가 어색하지 않게 사용되고 있다. 이 말에 어떤 힘이 있었던 걸까, 영성 훈련을 통해 사람들이 바라는 건 무엇일까? 나는 핀드혼 숲을 복원하는 사람과 이야기를 나누다 이에 대한 답을 얻을 수 있었다.

그는 마을 초장기부터 숲을 복원하고 있었다. 핀드혼이 생기기 전 이곳은 제2차 세계대전 이후 영국 정부가 몰래 미사일의 잔재를 파묻은 곳이라고 한다. 이전 소유주는 그 덕분에 땅을 싼 값에 사들였고, 돈을 벌 목적으로 스코틀랜드에서 자생하는 소나무 대신 값이 싼 남아메리카 소나무를 심은 뒤 핀드혼 사람들에게 이 모든 사실을 숨긴 채 땅을 팔았다.

이야기꾼인 그는 지의류를 비롯해 식물에 대해 모르는 것이 없었고, 숲 복원에 관해서도 굉장히 흥미로운 이야기를 많이 들려주었다. 그는 이렇게 말했다.

"낭만적인 생각을 가진 몇몇 핀드혼 사람들은 요정이 사는 나무를 함부로 베면 안 된다고 여기지만, 저희는 숲의 천이과정(한 장소의 식생이 시간과 환경의 변화에 따라 새로운 종의 식물로 교체되어 가는 것)에 따라 숲을 건강한 상태로 만들기 위해 과감하게 나무를 벱니다. 저는 평생 숲을 가꾸는 일을 하면서 이 일은 정신세계를 가꾸는 일과 아주 닮았다는 것을 깨달았어요. 건강한 숲의 가장자리는 가장 야생적인 상태로 덤불이 많습니다. 그리고 숲의 안쪽으로 들어갈수록 평원과 너른 공간이 나오죠. 인간의 입장에서는 사람이 편하게 숲으로 들어갈 수 있도록 덤불을 베어내지만, 숲의 입장에서는 가장자리가 우거지고 야생성이 살아 있을 때 가장 건강합니다.

인간의 내면도 마찬가지입니다. 인간도 자신의 야생성을 살리는 여러 도전을 통해 가장자리를 넓히고 단단하게 할 때 내면이 건강해지죠. 제가 하는 일은 눈에 보이는 숲, 즉 물질세계를 복원하는 것이지만 이것은 핀드혼의 설립자들이 하고자 했던 인간의 정신세계를 복원하는 일과 똑같다고 생각해요. 그래서 사람들이 내면에 어떤 세계를 그리는가는 아주 중요한 일입니다. 이곳 사람들이 마을에서 함께 살며 하는 영성 훈련도 결국 세계를 가꾸는 행위의 일부입니다. 왜냐면 그 세계는 곧 현실의 세계로, 땅으로 곧장 이어지니까요."

이 지혜로운 선생님과 함께 숲을 다니며 핀드혼이 말하는 영성 훈련은 곧 자연과 인간이 함께 조화로운 세상을 창조하기 위한 방편이고, 내면의 세계를 아름답게 가꾸는 일임을 깨달았다. 핀드혼은 우리가 본래 갖고 있었지만 잃어버린 감각의 회복을 통해 내면을 치유하고, 아름다운 내면의 세계를 현실 세계 위에 그리고자 만든 곳임을 알 수 있었다.

◆

세대교체의 움직임

핀드혼에서 지내는 동안 지벤린덴에서 만난 적이 있던 조나단 도슨을 다시 만났다. 그는 동아프리카에서 연구를 마치고 돌아왔다고 한다. 조나단은 경제학자이자 교육자로 세계 생태마을 네트워크의 대표를 지내다 유엔과 함께 지속가능성을 위한 교육 일을 막 시작한 때였다. 그와 이야기를 나누다 현재 핀드혼 수입의 50퍼센트 이상이 마을을 찾는 방문자들이 내는 교육비라는 사실을 들었다. 마을이 스스로 자립할 수 없는 현실적 한계, 그래서 결국 외부 자본에 의지할 수밖에 없다는 사실을 듣고 나는 일그러진 표정을 숨길 수 없었다. 그때 조나단은 내게 이렇게 말했다.

"마을의 수입 50퍼센트 이상을 외부 자본에 의지하는 것이 사실입니다. 저는 더 넓은 관점으로 핀드혼과 같은 마을을 바라볼 수 있어야 한다고 생각합니다. 유럽 생태마을은 대부분 계획 공동체intentional community 입니다. 마음이 맞는 사람들이 땅을 구입해 새로운 마을을 만들어 나갔습니다. 아시아나 아프리카의 생태마을 운동은 다른 양상을 띠는데 전통마을 또는 토착 공동체indigenous community를 다시 살려 나가는 추세입니다.

중세 유럽 수도원은 마을에서 종교뿐 아니라 정치, 경제, 문화의 중심에 서 있었습니다. 핀드혼 마을을 보세요. 작은 농장에서 시작했지만 파크(핀드혼 마을이라고 불리는 곳)를 중심으로 반경 80킬로미터까지 마을이 확장되어 나가는 현상을 볼 수 있습니다. 이제 어떤 사람을 핀드혼 마을 사람이라고 볼 것인지에 대한 경계가 점점 느슨해지고 있습니다. 저만하더라도 파크에서 좀 떨어진 곳에 살지만 핀드혼과 관련된 일을 하니까요.

현대 사회에서 과거 수도원의 역할은 상당히 축소되었지만, 저는 그 역할을 핀드혼과 같은 마을들이 하고 있다고 봅니다. 마을이 작은 공간에 한정되는 것이 아니라 자신의 경계를 확장하며 생태, 사회, 문화, 경제 등 삶의 전반에 걸쳐 지역사회의 상당 부분을 변화시키고 새로운 문화와 사회 모델을 만들고 있으며, 또 그렇게 해 나가야 한다고 봅니다. 저는 이것이 이 시대 생태마을의 역할이라고 생각합니다."

조나단의 이야기를 듣고 생태마을이 오늘날 어떤 의미를 가지는지 생각해 보았다. 그로부터 7년 후 통역자로서 조나단과 다시 만났을 때, 그는 영국 데본 지역에 위치한 슈마허 대학의 교수로 지내고 있었다. 그는 최근 유럽의 생태마을 운동은 계획 공동체에서 전환 마을Transition Town로 바뀌는 추세라고 했다. 유럽도 60년 전처럼 헐값에 땅을 매입하기는 하늘의 별 따기고, 기존에 있는 마을을 생태마을이 지향하는 가치를 따라 전환하는 운동이 더 우세라고 했다. 조나단은 이에 덧붙여 초기 세워진 마을들이 안정기에 접어들면서 초창기 세대가 젊은 세대의 문화와 다양성을 잘 이해하지 못해 갈등을 겪고 있으며, 이를 해결하는 것도 생태마을 차원에서 시급한 과제라 했다.

조나단과 이야기를 나눈 뒤 핀드혼 생태마을의 가능성과 한계에 대해 여러 생각이 오갔다. 그날 마을로 돌아와 NFA 마을 회의에 참석했다. 회의 주제는 설립자인 도로시가 제시한 12개의 주제를 바탕으로 초기 핀드혼의 정신을 어떻게 지켜 나갈 수 있는지에 관한 내용이었다. 도로시는 '집단 의사 결정, 규칙적인 영성 훈련, 공동체 행사, 의식의 협업, 인간이 아닌 존재와 함께 살아가기, 공동체 안에서 개인 프로젝트 수행, 행동하기, 자연의 아름다움을 느끼는 법' 등 공동체성을 지켜나가며 동시에 개인성을 어떻게 찾을 것인지, 자연과 인간이 어떻게 협업할 것인지에 관한 주제를 이야깃거리로 제안했다.

사람들은 자유롭게 손을 들고 자신의 생각을 나누었다. 그때 한 남성이 굉장히 화를 내면서 "세상은 변화하는데 이런 이야기를 하는 것이 다 무슨 의미가 있냐."라며 현실적인 해결책을 내놓으라고 말했다. 감정은 극도로 고조되기 시작했다. 어수선한 목소리가 이곳저곳에서 흘러나왔고, 나는 영어의 한계 탓에 이야기 흐름을 놓치고 말았다. 나중에 안 사실이지만 조나단이 말했듯이 핀드혼 역시 세대교체가 화두로 떠오르며, 초기 정신을 지키자는 목소리와 시대의 흐름에 따라 이곳도 변화해야 한다는 목소리가 서로 갈등하고 있었다.

그때 한 여성이 외발 수레를 끌고 등장했다. 자세히 살펴보니 그 안에는 흙이 담긴 화분과 씨앗이 있었다. 여성은 두 발을 땅에 대고 단단하게 서서 당당한 목소리로 이렇게 말했다.

"우리, 핀드혼이 시작될 때 이 모래땅 위에 맨 처음 씨를 뿌렸던 그 순간으로 돌아가 봅시다."

그 목소리에 끝이 보이지 않을 것 같던 회의 분위기가 변하는 걸 느꼈다. 바바라가 나와 기타를 치며 노래를 시작했고, 200명 넘는 사람들이 한 사람씩 무대로 나와 씨앗을 화분에 심으며 천천히 노래를 따라 불렀다. 강당 안은 사람들의 목소리가 잔잔히 울려 퍼졌다.

우리 신성한 땅, 지구를 돌보아요.
우리 신성한 땅, 지구를 돌보아요.
우리 신성한 땅, 지구를 선하고 정의롭게 돌보아요.
그대로 존재할 수 있기를.

땅이여, 하늘이여.
바다여, 돌이여.

이 땅의 신성함을 지켜내소서.

이들의 행위는 이미 내가 회의라고 규정했던 틀을 넘어선 것이었다. 마치 내적 갈등, 분쟁 뒤 오는 화해의 의식을 치르는 것 같았다. 나는 핀드혼 초장기 사람들이 이곳을 통해 세우고자 했던 세계가 무엇인지 더 알고 싶어졌고, 유일한 생존자인 설립자 도로시를 찾아가기로 결심했다.

◆

사랑하라 행동하라

　도로시 할머니는 아흔 살이 넘는 나이에도 불구하고 내 이름을 크게 부르며 반갑게 맞아주었다. 푸른 눈동자는 생기를 머금고 반짝거렸다. 나는 질문을 시작했다.

물음　핀드혼은 이제 잘 갖춰진 조직체, 하나의 커다란 교육 기관과 같은 느낌이 듭니다. NFA 회의에서도 마을 사람들은 바쁜 일정 때문에 자연과 교감할 수 있는 시간 조차 없다고 불평하는 이야기를 들었습니다. 핀드혼의 큰 양배추는 이제 어디에 있나요?

응답 초창기에는 자연과 인간, 신과 인간이 연결되었다는 것을 보여주기 위해 큰 양배추가 필요했지만, 이제 큰 양배추는 필요 없습니다. 마을은 다른 방식으로 깊어지고 있어요. 우리 의식의 차원을 높이는 것이 더 중요합니다. 우리는 모든 것과 연결되어 있고, 자연의 일부입니다. 자연과 연결되기 위해서는 말로만 이야기하는 것이 아니라 자연과 실제 함께 있으면 됩니다. 자신을 더 깊이 사랑할수록 우리는 자연과 더 깊이 교감할 수 있게 됩니다.

도로시의 이야기를 들으며 마음이 활짝 열리는 느낌이 들었다. 핀드혼이 나아갈 방향 등 미리 준비했던 거창한 질문은 다 잊어버린 채, 가슴에서 정말 하고 싶은 말이 나오기 시작했다.

물음 저는 한국에서 청년으로 살아가며 작은 일에도 좌절을 많이 했습니다. 사회에 나와 보니 젊은 시절의 가슴 속 꿈을 잃고, 어디로 가는지도 모르고 살아가는 어른들을 많이 보았고요. 실은 저도 그런 어른이 될까 봐 두렵습니다. 할머니는 인생에서 찾아오는 어려움을 어떻게 헤쳐 나가며 이 아름다운 마을을 만드셨나요?

응답 불현듯 찾아오는 좌절, 고통도 생의 한 과정일 뿐이에
요. 그 과정을 통해 우리는 많은 것을 배우게 됩니다.
그러나 모든 인생의 가장 밑바닥에는 사랑이 존재하
죠. 신의 사랑은 항상 우리 삶에 존재하지만 그것을 느
끼느냐 느끼지 못하느냐의 차이가 있을 뿐입니다. 사
랑에 대한 신념을 갖는 것이 중요합니다.

물음 한국에는 저처럼 길을 찾지 못해 힘들어 하는 청년들
이 많습니다. 도로시, 우리가 이 세상을 살아가는 목적
은 무엇인가요?

응답 우리의 삶에는 뚜렷한 목적이 있습니다. 그 목적은 '사
랑'입니다. 우리는 사랑을 실현하기 위해 살아가고 있
습니다. 자신 안에 사랑이 있다면 거기가 어디든지 상
관없습니다. 이곳 핀드혼보다 더 아름다운 곳은 세상
어디에든 존재할 수 있습니다.

할머니는 강하지만 부드러운 음성으로 힘을 주어 이

말을 반복했다.

　"사랑하세요. 그리고 행동하세요."
　"사랑하세요. 그리고 행동하세요."

　할머니는 아이 같이 웃으시며 나를 꼭 안아주었다.

　도로시의 말은 어느 곳에서나 들을 수 있는 아주 평범한 말이었지만 그 순간 위대한 언어를 들은 느낌을 받았다. 동시에 그때까지 내가 가졌던 핀드혼에 대한 복잡한 생각과 수수께끼들이 풀려나가는 듯했다. 파비앙이 말한 내면의 공동체를 짓는다는 말은 바로 사랑을 하라는 것이 아니었을까. 그 사랑을 바탕으로 행동할 때 진정한 자신의 길을 찾을 수 있지 않을까.

　'사랑', 아주 단순하지만 가장 중요한 것을 할머니는 평생 잊지 않고 실천해왔다. 설립자들의 깊은 영성과 내면의 힘이 숱한 문제와 위기 속에서 마을을 지켜 왔음을 깨달았다. 그들이 평범한 일상에서 단순하고 소박하게 살며 자기 안에서부터 신의 사랑을 일치시키려 했음을 느낄 수 있었다.

　할머니를 만나고 돌아가는 길, 바닷길을 따라 걸었다.

쏴쏴 울리는 파도 소리를 고요히 듣고 있으니 도로시 할머니가 전한 사랑이 잔잔히 몸을 타고 퍼져 나가는 듯했다.

핀드혼이 왜 지금 이 시대에 중요한 의미를 갖는지 생각해 보았다. 핀드혼은 높은 의식과 영성을 바탕으로 새로운 사회 모델을 보여주었다. 서구 사회에서 종교의 역할이 축소된 자리에 생태마을 사람들은 '인간의 의식을 높이고, 자연과 인간을 치유하는 일'을 다시 펼치며 새 시대를 앞서 열어주었다. 이제 나와 같은 청년들이 이들의 정신을 이어가며, 동시에 지금 시대에 필요한 새로운 정신을 찾고 펼쳐야 한다고 느꼈다.

떠나는 날, 세계 각지에서 온 친구들과 눈물로 작별 인사를 했다. 가시금작화가 다 진 자리에 자줏빛의 헤더꽃이 해안가를 물들였다. 기차에 몸을 실었다. 스코틀랜드의 거대한 자연 위로 노을이 내려앉았고 대자연과 나 사이의 경계는 점점 희미해졌다. 어쩌면 내 내면의 세계가 지금 보는 외면의 세계를 이끄는지도 모른다는 느낌이 들었다.

들풀의 노래

이른 아침
스코틀랜드 북동쪽 마을이
싱그러운 풀 내음 머금고
한아름 내 품에 안긴다

거칠고 메마른 흙에
사랑을 불어넣어
자연과 인간이 함께 창조한
생명의 땅

숲으로 들어가
영혼의 고요, 그 한가운데 머물면
깊은 평화가 밀려드는
자연 성소

솨솨 울리는 파도 소리에
'사랑하라'는
다정한 신의 음성이 실려 오는
작은 바닷가 마을

자유로이 마음을 활짝 열면
들풀의 노랫소리가 들려오는
지구 어머니 품

모든 것이 다 사라진다 해도
내 가슴속에 남는 단 하나
사랑
사랑이 지금, 여기에, 흘러넘친다

6장

자연과 인간은
회복될 수 있는가

타메라Tamera ✦

─────────

포르투갈

✦　포르투갈 남쪽 아렌타고 지역에 있는 국제 생태마을
이다. 1995년 독일인 사비나 리히덴펠스와 디터 둠이
비폭력 문화를 바탕으로 자연과 인간이 지속가능한
방법을 찾고자 설립했다. 이들은 사막화된 땅을 재생
하고 분쟁 지역을 찾아다니는 등 평화를 주제로 연구
및 교육 활동을 펼치고 있다. 170여 명의 아이와 어른
이 함께 살며 여러 실험을 통해 새로운 문화를 만든다.
이런 문화를 배우기 위해 해마다 전 세계에서 방문자
가 찾아온다.

www.tamera.org

◆

비폭력 문화를 꿈꾸는 사람들

나는 핀드혼을 떠나 이탈리아 다만후르Damanhur 마을
에서 열린 세계 생태마을 네트워크 컨퍼런스에 참가했다.
그곳에서 한국 사회와 비슷한 상황에 있는 아시아, 동유럽,
아프리카 생태마을에서 온 사람들과 이야기를 나누었다.
한창 마을을 만들고 운영하는 그들의 희망과 고민을 접하
며, 비교적 안정화된 생태마을이 아닌 시작한 지 얼마 되지
않아 조금 불안정하지만 초반의 야생성이 숨쉬는 마을을
보고 싶어졌다. 그래서 뜻을 함께하는 친구들과 한 마을을
찾아가기로 했다.

한여름, 땀 냄새와 열기가 혼재한 기차 안이었지만 미

지의 세계를 만난다는 생각에 흥겨웠다. 하지만 그것도 잠시, 기차가 도시를 빠져 나갈수록 마음이 심란해졌다. 울창한 숲이 이어지던 서유럽의 여름 풍경과는 정반대로 마치며칠 전 화재가 났던 것처럼 몇 그루의 큰 나무만 겨우 푸른 빛이 도는 남부 유럽의 풍경을 본 것이다.

무슨 일이 일어났던 걸까? 펑체리아 역에 내려 마을 사람의 차를 타고 먼지가 자욱이 날리는 시골길을 25킬로미터가량 달렸다. 연이은 삭막한 자연을 보며 내 마음속에 흐르던 흥겨운 음들은 포르투갈의 대중가요인 파두fado처럼 애잔한 음들로 바뀌었다.

마을 입구에서 차를 내리니 번듯한 건물이라고는 스트로베일 건축법으로 지은 커다란 강당뿐이었고, 큰 천막과 캐러밴 몇 대만 눈에 보였다. 사막처럼 뜨거운 한낮의 태양에 온몸은 타들어갈 것만 같았다. 이런 곳에서 어떻게 한 달이 넘는 시간을 보낼 수 있을까. 아니 이 사람들은 어떻게 삶을 이어가는 것일까. 의구심이 들었다. 그때 독일 할머니 두 분이 우리 앞으로 다가오셨다. 햇빛에 그을려 구릿빛 피부를 한 할머니들은 건강해 보였고, 독일인 특유의 영어 악센트로 투박하지만 힘 있게 말했다.

"타메라에 온 걸 진심으로 환영한단다. 너희들은 이곳
에 온 첫 한국인이야."

할머니는 이가 드러나게 환히 웃으시고는 굵고 거친 손
으로 물 한잔과 신선한 채소가 가득한 점심을 내오셨다. 그
생기 넘치는 밥상과 미소 가득한 얼굴을 보며 물 한잔을 쭉
들이켜니 타들어갈 것 같던 마음에도 시원한 물줄기가 흘
러들었다. 옆을 바라보니 세계 각지에서 찾아온 아이들이
호수에서 연신 다이빙을 하고 있었다. 젖은 몸을 뜨거운 태
양 아래 말리며 깔깔거리는 아이들의 웃음소리를 들으니 이
곳에서 지낼 날들의 두려움이 조금 가셨다.

타메라Tamera는 포르투갈의 남쪽 아렌타고 지역에 있
는 국제 생태마을로, 내가 방문할 당시 갓 20년이 된 비교적
젊은 축에 속하는 마을이었다. 이곳에는 어린이부터 노인까
지 170여 명이 되는 사람들이 살았고 전 세계에서 수많은
방문객들이 찾아오고 있었다. 마을 사람들은 '힐링 비오톱
Healing Biotope'이라는 비폭력 문화를 바탕으로 인간과 자연
이 서로 신뢰하고 협력하는 지속가능한 삶의 모델을 만들기
위해 다양한 실험을 하고 있었다.

이들의 이야기는 1978년 독일의 한 작은 농장에서 시

작된다. 타메라의 리더인 사비나와 디터는 농장에서 함께 예술가들의 공동체를 꿈꾸며 과학, 사회학, 영성 분야에 걸쳐 연구와 실험을 하는 중이었다. 그러다 진정한 삶은 자연과 인간, 개인과 개인, 국가와 국가, 젠더 사이, 인간과 동물 사이의 대립과 갈등을 빚어내는 현대사회의 폭력적 시스템에서 벗어나야 가능하다는 데 이르렀다. 그들은 이제 '새로운 모델'을 만들어야 할 때라고 마음 깊이 깨닫는다. 여성 리더인 사비나는 내면에서 들려오는 목소리를 따라 세계 각지를 돌아다니며 자신들의 꿈을 실현할 터전을 찾았고, 1995년 포르투갈 남쪽 땅에 뿌리를 내렸다.

타메라 사람들은 2010년부터 대형 슈퍼마켓에서 물건을 사지 않고, 마을이나 지역 농부들과 교류하며 이들이 생산한 것만을 사용했다. 그들은 동물을 자신들과 같은 형제로 여기기 때문에 고기, 달걀과 생선을 먹지 않는 비건 식단을 꾸린다. 주택은 그 지역에서 나는 볏짚, 흙, 코르크나무와 같은 생태적 자재를 이용해 지으며, 새 옷을 사지 않고 헌 옷을 고쳐 입었다.

나는 한 달 동안 친구들과 큰 천막 아래, 흙바닥 벽돌과 나무로 얼기설기 쌓은 침대에서 지냈다. 그동안의 여행 경험으로 텐트 생활은 비교적 적응할 수 있었지만, 뜨거운 한낮의 날씨가 나를 힘들게 했다. 냉장고가 두 대밖에 없는 마을에서 에어컨이나 선풍기는 기대할 수 없었다. 오전 11시쯤 해가 뜨거운 얼굴을 하늘 높이 드리울 때면 10분도 견디기 힘들었다. 밖으로 나가려면 커다란 스카프를 물에 담가 온몸을 덮어야만 했다. 그러고도 참기 어려우면 마을 사람들과 다 같이 홀러덩 옷을 벗고서 호수로 뛰어들었다.

　호수는 우리의 뜨거운 몸을 식혀주었다. 별이 뜬 밤 큰 호수에서 카누를 타는 낭만을 누리기도 했다. 그러던 어느 날, 나는 이 호수에 관한 이야기를 마을 사람에게 듣고서 경이로움에 휩싸였다.

♦

지속가능성을 넘어서

"저희가 처음 왔을 때 이곳에는 작은 연못조차 없었어요. 먼지만 날리는 땅이었죠. 이베리아반도에서 잘 자라는 코르크나무, 너도밤나무, 올리브나무 들도 지하수층이 내려가면서 극심한 스트레스를 받아 잘 자라지 못했고, 연이어 큰 규모의 화재가 일어났어요. 사실 이곳은 60년 전만 하더라도 참나무 숲이 우거지고, 채소밭과 목초지가 펼쳐져 있었으며, 하얀 벽토로 칠한 스투코stucco 집들이 늘어선 아름다운 포르투갈 전통 마을이었습니다.

그러나 1940년대 스페인 시민혁명 기간 동안 농부들

이 산업형 곡물 생산에 주력하면서, 남부 지역의 땅은 파괴되기 시작했습니다. 마을 주민들이 돈을 벌기 위해 리스본과 같은 큰 도시로 빠져나가며 한때 300명에 이르던 마을 주민이 20명도 채 남지 않았죠. 소수의 농부들만이 남아 단일경작으로 근근이 농사를 지었어요."

타메라 사람들이 이 땅에 와서 처음 시작한 건 물줄기를 되살리는 일이었다. 그들은 오스트리아의 퍼머컬처 전문가인 젭 홀저와 함께했다. 젭은 타메라 빗물의 양을 해마다 재면서 누수의 원인은 빗물 부족이 아니라 지력이 약하기 때문이라고 진단했다. 그래서 이 지역의 전반적인 자연환경, 생물의 다양성, 계절의 흐름을 신중하게 살펴가면서 가장 자연스럽게 호수를 만들 계획을 세웠다.

이들은 천연 진흙을 사용해 호수를 만들기 시작했다. 호수의 깊이를 36미터 깊은 곳부터 얕은 곳까지 고루 갖춰, 그 차이를 통해 물의 따뜻한 층과 차가운 층이 서로 순환하도록 했다. 덕분에 호수는 스스로 숨을 쉬었다. 또한 호수의 가장자리에 해바라기와 콩을 심고 텃밭을 가꿔 비가 내리지 않는 여름철에 호수의 물이 마르더라도 지하수는 마르지 않도록 했다.

가장 큰 호수를 중심으로 주변에 작은 호수들을 더 만들자 마을에 놀라운 일들이 벌어지기 시작했다. 땅은 스펀지같이 물을 머금었고, 빗물은 더 이상 그대로 빠져나가지 않았다. 또한 떠나갔던 수달과 자라 같은 야생동물이 호수에 찾아들었다. 이른 아침 새들이 지저귀는 호수에 물안개가 피어올랐고, 건조하던 공기에도 조금씩 습기가 어리기 시작했다. 마을 사람들은 아침 해가 떠오를 무렵 호수에 안개가 번져 오르는 광경을 보고는 기쁨에 넘쳐 '아침의 춤'이라 이름 붙였다.

2008년, 내가 독일의 지벤린덴을 방문할 때만하더라도 생태마을에서 지속가능성sustainability은 중요한 개념이었다. 그러나 10년 사이 많은 사람들이 우려했듯 지구는 급속도로 파괴되었고, 이제 지속이라는 단어로는 더 이상 파괴된 자연환경을 어찌할 수 없는 상황이 벌어지고 말았다. 생태마을 사람들은 이제 '지속가능성' 대신 'regenerative'라는 단어를 쓰기 시작했다. 우리말로 번역하면 '회생하는, 소생시키는, 재생하는'이라는 뜻이다.

나는 미국 출신인 자연농 다큐멘터리 감독에게 'regenerate'와 'restore'라는 두 단어의 의미에 어떤 차이가 있는지 물어본 적이 있다.

"restore'는 어떤 것을 본래의 상태로 되돌리는 것을 말하죠. 제가 생각하기에 'regenerate'는 본래 상태로 되돌리는 것뿐만 아니라, 시스템 안에서 그것이 다른 생물과 연결되어 스스로 유기적으로 움직일 수 있는 상태가 되는 것을 의미합니다."

그의 이야기처럼 타메라의 호수 복원 프로젝트는 자연을 본래의 상태로 되돌리는 것을 포함해, 호수를 둘러싼 모든 자연환경이 스스로 유기적으로 살아갈 수 있도록 회생시키는 관점에서 진행되고 있었다. 모쪼록 타메라의 사례가 사막화가 진행되는 땅에 좋은 모델이 되길 바랐다.

분홍빛 저녁노을이 호수에 내려앉은 어느 날, 모두 함께 호수를 빙 돌며 침묵 속에서 걸었다. 호수에 대한 우리들의 감사한 마음을 전하는 작은 의식을 치르기 위해서였다. 300명이 넘는 사람들은 나지막이 노래를 부르기 시작했다. 우리는 '어메이징 그레이스'를 불렀고, 이후 앨리슨 크라우스가 부른 '강에 내려가 기도를 드려요'라는 노래가 이어졌다. 노랫소리는 경건하면서도 따뜻하게 호수 끝에서 끝으로 울려 퍼졌다.

강으로 기도하기 위해 내려갔어요.
오래된 선한 길을 찾기 위해서요.
누가 이 빛나는 왕관을 쓰게 될까요.
오! 신이시여, 제게 그 길을 보여주세요.

오! 누이여, 내 누이여, 우리 함께 강으로 내려가
그곳에서 기도드려요.
오! 형제여, 내 형제여, 우리 함께 강으로 내려가
그곳에서 기도드려요.
오! 어머니, 내 어머니, 우리 함께 강으로 내려가
그곳에서 기도드려요.
오! 아버지, 내 아버지, 우리 함께 강으로 내려가
그곳에서 기도드려요.

우리 노래에 화답하듯 호수 위에 잔잔한 물결이 일었
다. 노래가 호수를 넘어 마을을 가득 채우자 호수 저편에서
띄운 촛불들이 물결을 따라 내가 서 있는 곳까지 천천히 흘
러왔다. 아름다운 빛들이 호수 위에서 너울너울 춤추는 것

같았다.

　가만히 호수 위로 흐르는 빛과 음악을 느끼며, 이 호수가 환경을 복원시키는 기능적인 장소를 넘어 타메라 사람들이 영혼을 기대어 쉴 수 있는 신성한 공간이라는 생각이 들었다. 노랫소리가 울려 퍼지는 호수를 천천히 걸으며 자연과 사람이 평화롭게 살아가는 모델을 만든다는 게 어떤 의미인지 가슴으로 이해하기 시작했다.

✦

스스로 평화가 되는 길

타메라는 해마다 세계 여러 청년들을 초대해 단기 국제평화대학을 연다. 이 대학에서는 호수 복원, 평화 순례, 에너지 자립, 젠더 문제 등 마을에서 중요하게 생각하는 프로젝트를 입체적으로 탐구한다. 참가자들의 다양한 활동을 공유하고 국제적으로 연대하도록 돕는 자리이기도 하다.

나와 친구들은 햇수로 열여섯 번째 열린 이 여름대학 summer university 프로그램에 참가하였다. 이곳에서 유럽, 아프리카, 아메리카, 아시아의 28개국에서 찾아온 평화 운동가, 교육자, 종군기자, 학생, 생태마을 활동가, 음악가 등을 만났다. 모두 자기 삶의 현장에서 뜨겁게 살아가는 사람들이었다. 오전에는 주제별 강연이 이어졌고, 이후 소모임별로 모여 토론을 진행하는 방식으로 프로그램이 진행되었다. 강연마다 독일어, 스페인어, 영어, 포르투갈어 통역이 제공되었다. 뜨거운 날씨에도 모두 열정적으로 참여했다.

그해의 큰 주제는 '새로운 문화를 위한 실험 장소'였고, 세분화된 주제로는 '새로운 여성의 장, 태양 에너지, 젠더 간의 평화, 물과 심층생태학, 지구적 공동체, 새로운 의식, 다음 세대' 등이 있었다. 타메라에서 특히 중요하게 생각하는 젠더와 관련된 주제는 이틀에 걸쳐 진행되었다. 강연자로는 이 마을 설립자들을 포함해 여성 강사들이 눈에 띄게 많이 보였다.

우리는 이곳에서 타메라 마을이 '평화'를 주제로 정말 여러 일을 하고 있음을 새삼 발견했다. 사비나가 설립한 그레이스 재단에서는 분쟁 지역을 후원하는데, 이곳 사람들은 마을 밖으로 나가 이스라엘, 팔레스타인, 콜롬비아 등 분쟁 지역으로 평화의 순례를 다녔다. 그 인연으로 만난 사람들이 다시 여름대학에 찾아오기도 했다.

태양 에너지와 관련된 강의에서는 호수 동쪽에 태양마을solar village을 설립한 이야기도 들을 수 있었다. 이 마을에서는 태양열 에너지만을 사용했다. 집집마다 태양 전지가 설치되어 있으며, 마을 공동 부엌에서는 태양열을 이용한 요리 기구인 솔라쿠커solar cooker를 사용하고 있었다. 이들은 태양열을 효율적으로 사용하는 여러 장치를 고안하고 실험했다. 타메라에서 태양 마을을 설립한 목적은 에너지 자립의 차원도 있었지만, 더 크게는 분쟁 지역이나 곧 사막화가 찾아와 에너지원이 부족할 지역에 직접적인 도움을 주기 위함이었다.

다음 세대에 관한 프로그램에서는 교육에 대한 이들만의 철학을 들을 수 있었다. 타메라의 아이들은 공동 육아 방식으로 자랐고, 이곳에는 아이들을 위한 교육센터가 있었다. 이들은 인류의 초기 공동체는 가족이 아니라 마을이었음을 상기하며, 현대의 핵가족 사회를 비판하고 전통적인 마을 공동체의 교육 방식을 지향했다. 그래서 아이들을 어린 시절부터 함께 자라게 했다.

우리는 타메라의 경험과 더불어 이곳을 찾아온 여러 나라 사람들의 이야기도 들었다. 내전이 일어난 콜롬비아에서 평화 활동을 하다 돌아온 마을 사람들의 이야기를 들으며 이 시대에 만연한 폭력에 절망했고, 동티모르에서 온 친구들이 부르는 삶의 애환이 담긴 노랫소리에 가슴 아프기도 했다. 우리는 친구들과 함께 아리랑을 부르고 한국의 전통 음악을 함께 나눴다.

한국에 대한 이야기를 듣고 싶다는 요청에 당시 진행되던 한국의 4대강 사업의 문제를 이야기했고, 한국의 정신에 대해 소개하기 위해 장일순 선생님의 생명 사상과 신영복 선생님의 관계론에 대해서도 발표했다. 그곳에 모인 사람들은 4대강 문제에 함께 아파했고, 생명 사상과 관계론에 대한 질문을 던지며 한국에 대한 깊은 관심을 보였다.

처음에는 집중해서 강의를 듣고 소모임에도 열심히 참가했지만, 뜨거운 날씨에 몸은 지쳐만 갔다. 여러 주제를 놓고 다른 언어를 사용하는, 나와 생각이 다른 여러 사람과 토론하는 과정이 쉽지 않았다. 특히 내 생각이 깨지는 과정을 겪을 때는 몹시 고통스럽기도 했다. 한 모임에서는 첫 질문부터 내 머리를 죽비로 내리치는 것 같았다.

"당신에게 연민compassion이란 무엇입니까?"

세계의 고통스러운 현장에서 희망을 부여잡고 일하는 사람들과 이야기를 나누는 자리에 있으니 단순한 질문도 무겁게 다가왔다. 세계에서 일어나는 고통을 마주하며 답을 찾아야 했다. 이런 질문들이 나를 끝도 없는 생각과 감정

속으로 휘몰아 넣었다. 어떤 순간에는 그저 시원하고 편안한 장소에서 아무 걱정 없이 쉬고만 싶은 본능이 나를 뒤덮기도 했다. 하지만 어느 날 한 젊은 여성의 이야기가 내 영혼을 강하게 흔들었다.

한 사람이 강단 위에 올랐다. 그의 눈에는 깊은 바다처럼 푸른빛이 감돌았다. 강의를 시작하기 전 모든 대륙에서 찾아온 사람들을 천천히 바라보고 나서는 단어 하나하나에 힘을 실어 글을 읽기 시작했다.

"지금 세계를 바라보면, 어머니 지구인 거대한 배는 가라앉고 있습니다. 전 세계는 지금 위기에 놓여 있습니다. 우리의 모든 사회 구조는 착취, 불신, 전쟁에 기반합니다. 저는 이것을 마주하기 위해 용기를 갖는 일이 중요하다고 생각합니다. 저는 자신에게 묻습니다. 이런 삶이 정말 인간답게 살아가는 삶인지를. 희망이 없는 절망적인 이 순간을 느껴봅니다."

그녀는 '절망'이라는 단어를 말할 때, 꾹 참았던 눈물을 목으로 넘겼다.

"지구에 사는 모든 생명은 한 가족입니다. 지금 이 시기는 깨어남의 시기이며 지구를 향해 연민을 가져야 할 때입니다. 인간 존재로서 해야 할 책임을 다할 때입니다. 저는 젊은 여성으로서 역사를 돌아보며 인간다운 세상을 만들기 위해 일어난 혁명, 프로젝트 그리고 그것을 이끌었던 이들에게 깊이 감사의 마음을 보냅니다. 저는 그들의 길을 잇는 일에 책임감을 느낍니다."

그녀는 역사의 수많은 장면을 떠올리는 것처럼 잠시 침묵했다. 그리고 다시 이야기를 이어나갔다.

"지금 당신이 전쟁을 반대하는 것이 진심이라면 평화에 대한 비전이 필요합니다. 평화가 행복에 가득찬 경험이 될 수 있도록 새로운 모델을 만들어야 합니다. 사람과 사람, 자연과 사람, 사람과 우주가 서로 신뢰할 수 있음을 경험하는 것입니다. 이런 삶을 우리가 먼저 보여줍시다."

그의 말이 끝나자 200명이 넘는 사람들은 모두 고요해졌다. 지금 이 지구 안에 일어나는 수많은 고통과 갈등 속에서 한 인간으로서 어떻게 살아갈 것인지에 대한 고백이었다. 지구에 사는 모든 존재를 향한 깊은 연민, 세상을 향한 용기와 희망에 관한 진실한 언어였다. 그의 말은 다른 언어, 다른 피부색을 넘어 모두의 가슴으로 전해졌다.

　나 역시 그 여성을 보며 새로운 삶을 살고 싶었다. 또래 여성인 그를 보며 용기를 배우고 싶었고, 오랜 역사 속에서 평화를 만들어 나가는 길을 함께 걷고 싶었다. 사막화가 일어나는 곳, 전쟁이 일어나는 곳에 자발적으로 찾아가 평화가 되려는 이들과 함께 있으면서 내 정신은 밑바닥부터 뒤집혀 나갔다.

◆

생태적으로 산다는 말

타메라에서 많은 사람을 만나며 배운 방대한 내용과 삶을 소화하는 과정에서, 굳었던 생각과 습관이 깨지는 고통을 느끼는 때가 많았다. 내 안에 있는 것들이 온통 흔들리고 요동치는 것 같았다. 이런 나와 친구들의 고민을 알아보고, 마을 사람들이 먼저 찾아와 도움을 주었다. 특히 일마 할머니는 내가 힘들 때마다 어깨를 다독이며 시원한 물한잔을 먼저 따라주셨다.

일마 할머니와 가까워지면서 나와 친구들은 할머니 집에도 찾아갔다. 할머니는 볏짚으로 지은 아치형 집에 살고 계셨다. 하나뿐인 방 안에는 옷가지와 책, 고무신 세 켤

레가 전부였다. 할머니는 자신이 왜 타메라에 왔는지 들려주셨다.

"저는 독일의 수의사였습니다. 이곳에 오기 전까지 생태마을인 지벤린덴에서 살았어요. 그러던 중 서구 사회 사람들이 제3세계에 사는 사람들에게 저지른 만행을 알게 되었습니다. 우리가 이들에게 얼마나 큰 잘못을 저질렀는지 깨달았죠. 저는 지벤린덴을 떠나 이곳 타메라로 옮겨왔습니다."

할머니는 자신이 평생 모은 재산을 타메라의 평화 활동이나 제3세계의 청년들을 위해 쓰고 있었다. 또 마을에서 다른 여성들과 볏짚으로 집을 짓거나 약재용 허브를 따며 일상을 보내고 계셨다. 서양인 가운데 할머니처럼 일을 많이 해서 손이 거칠어진 사람은 처음 보았다. 할머니는 우리에게 방을 보여주시며 검은색 고무신 세 켤레를 가리키고는 이렇게 말했다.

"나는 내 남은 인생에 신을 신발을 다 가지고 있지."

할머니는 우리를 보고 활짝 웃었다. 아이처럼 웃는 할머니를 보니 일상을 거룩하게 보내는 그의 삶이 가슴으로 와닿았다. 그리고 이들의 삶을 더 깊이 배우고 싶었다.

그 무렵 나와 친구들은 서유럽 생태마을을 찾아다니는 일에 조금 염증을 느끼고 있었다. 생태마을 운동도 유럽에서 시작된 것이고, 세계 생태마을 네트워크라는 대안적이고 혁신적인 운동마저도 결국은 여전히 서구 사회를 중심으로 움직인다는 걸 느꼈기 때문이다. 물론 콘퍼런스에 참여하는 사람들은 의식적으로 이를 극복하려고 노력했다. 서구의 북반구 생태마을이 그 외의 세계를 통칭하는 남반구 생태마을에 적극적인 지원을 해야 한다고 주장하는 사람도 있었다. 하지만 그 속에도 미묘한 차별은 존재했다. 특히 아프리카와 아시아의 생태마을 활동가들의 경험을 접하면서, 서구 세계의 틀만으로는 이들을 온전히 설명할 수 없다는 생각이 들었다.

이후 아시아와 아프리카의 생태마을을 찾는 일이 늘어나면서 그 생각은 더 명확해졌다. 유럽의 생태마을은 의식이 높은 사람들이 계획적으로 모여 민주적인 의사 결정이 가능한 구조를 만들고 새롭게 땅을 사서 마을을 세우는 방식으로 생겨났다. 하지만 아시아나 아프리카에는 한두 명의 사람들이 카리스마적인 리더십을 발휘해 사람들을 가르치거나 이끌어 전통마을을 살리는 계몽적인 성격이 짙었다. 일본이나 한국의 경우는 북반구와 남반구 그 어디쯤에 있는 듯했다.

유럽의 생태마을을 여행하며 그곳에서 살아가는 사람들을 부러워한 적이 많았다. 그러나 타메라를 만나고 일마 할머니를 만나면서, 생태마을에 산다는 것이 단순히 생태적으로 지어진 집에서 살거나 몸에 좋은 유기농 음식을 먹는 게 아님을 깨달았다. 이들이 생태적으로 살아간다는 의미는 자기 삶을 던져 자신의 내면과 이웃, 자연 나아가 지구를 치유하는 평화의 공간을 만드는 것임을 차츰 이해할 수 있었다.

✦

긴 여름의 끝

    타메라의 긴 여름에도 끝이 보였다. 한밤중에는 기온
이 뚝 떨어져서 옷을 몇 겹씩 껴입고 침낭으로 몸을 꽁꽁 감
싸야 했다. 떠나기 전날, 마을의 초창기 멤버이며 여성 리더
인 사비나를 찾아갔다. 더위가 한풀 꺾인 아침, 고요한 작은
방에서 사비나는 우리를 기다리고 있었다. 그는 천천히 자
신의 이야기를 풀어놓았다.

    "저는 어릴 때 부모님이 사는 모습에서 항상 외로움을
    보았어요. 저희 부모님에게는 진정한 공동체가 없었습
    니다. 열여섯 살에 저는 다른 삶을 살아야겠다고 생각

했어요."

사비나는 대학에서 신학을 공부하며 남성 중심의 교회 문화에 실망하여 여성 문화를 연구했고, 과거 모계사회가 가졌던 공동체 문화에 영감을 받았다고 한다. 우리는 질문을 시작했다.

물음 영성은 반드시 정치와 사회적 행동으로 연결되어야 한다고 말씀하셨습니다. 이 의미가 무엇인지 자세히 얘기해주실 수 있나요?

응답 내면의 문제를 해결하기 위해서는 먼저 세상이 지금 어떻게 흘러가는지에 대해 마음을 열어야 해요. 그렇지 않으면 해결이 어렵습니다. 반대로 세상을 변화시키겠다며 내면에 일어나는 갈등을 덮어두거나 해결하지 않으면 그 경우 역시 답을 찾을 수 없지요.

체제의 혁명을 통해 세상을 변화시킬 수 있을지라도 그것이 끝나면 다시 똑같은 문제가 여러분 내면에 찾아올 겁니다. 평화를 위한 일은 자신의 내면, 세상의 일과 연결되어 있는 것입니다. 그래서 깊은 차원에서 내면을 돌보는 작업을 해야 합니다. 스스로 평화 속에 머무를 수 있어야 진정으로 세상을 변화시킬 수 있습니다.

물음 한국에 사는 청년들에게 들려주고 싶은 말이 있으신 가요? 청년들은 극심한 경쟁 시스템 속에서 힘들게 살아갑니다. 대안적인 삶의 방식을 생각할 겨를 없이 살아가는 사람들도 많습니다. 이들에게 근본적인 관점에서 어떤 이야기를 해주실 수 있을까요?

응답 저는 한국과 깊이 연결되지는 못했습니다. 그러나 저는 동양 문화에 굉장히 깊고 건강한 원천이 있다고 생각합니다. 세계화가 시작되면서 많은 사람들은 좋은 집, 좋은 차를 갖고 부자가 되기를 원했어요. 전 세계 어디서나 동일하게 일어난 현상입니다. 그러나 내면 더 깊은 곳에 들어가면 사람들은 '신뢰turst'를 갈망하고, '공동체community'를 갈망하고, '다른 사람과 나누는 것sharing with others'을 갈망합니다. 지금은 진정으로 그러한 지혜의 샘으로 돌아가야 할 때입니다. 우리는 그곳에서 갈망을 풀어낼 수 있을 것입니다.

나는 사비나의 이야기를 듣고 라다크 마을의 지혜롭고 전통적인 삶을 떠올리며 말했다.

물음 오래된 미래를 찾는 거군요.

응답 맞습니다. 바로 정신적 뿌리를 찾는 일이죠. 그러나 그 것은 단순히 과거를 복사하는 것이 아닙니다. 무언가 내가 신뢰할 수 있는 원천을 찾아야 합니다. 그래야 힘 든 일이 찾아와도 다시 그곳으로 돌아갈 수 있습니다. 우리는 거기서부터 새로운 모델, 사회를 만들어 나갈 수 있을 겁니다.

우리는 인터뷰를 마치고 이 마을의 신성한 공간인 스 톤 써클로 향했다. 스톤 써클은 5,000년 전부터 이 땅에 존 재했는데, 사비나는 꿈과 직관을 통해 이곳을 만났다고 한 다. 그는 스톤 써클을 둘러싼 부족의 문화를 연구하며, 이 땅에 스며든 오래된 공동체 정신을 바탕으로 새로운 문화 가 일어날 것을 직감했다고 한다. 그는 이러한 정신적 뿌리 와 연결되어 새로운 문화, 즉 모든 존재가 평화롭게 살아가 는 장소를 여러 사람들과 함께 실험하기 위해 타메라를 설립했다.

　해질 무렵, 우리는 조용히 스톤 써클 주위를 돌았다. 스톤 써클에 한 명씩 손을 대며 여행에서 만난 수많은 존재들을 떠올렸다. 나는 나의 진정한 집을 찾기 위해, 나 자신으로 살기 위해 한국을 떠났었다. 하지만 결국 여행을 통해 '나'라는 존재는 다른 존재와 함께 연결된 거대한 그물망 속의 작은 하나이며, 동시에 거대한 그물망 자체임을 알 수 있었다. 그리고 그물망으로 이어진 나와 우리, 인간과 자연은 모두 궁극적으로 어머니 지구라는 품 안에 사는 존재들이고, 지금 그 집이 고통받고 있음을 깨달았다.

　생태마을을 순례하며 온전한 나로 살기 위해서는 지구에 사는 생명의 내면과 외면을 함께 치유해 나가야 한다는 것도 알게 되었다. 결코 나 혼자 할 수 없는 일이었지만 이 여행으로 세계 곳곳에 그 길을 함께 걸어가는 수많은 벗들이 우리를 기다린다는 희망을 보았다.

　그날 텐트에서 나와 친구들은 어느 때보다 많은 이야기를 나눴다. 긴 이야기가 끝나고 텐트 밖으로 나왔을 때 별들이 머리 위로 쏟아질 것 같았다. 그때 보았던 타메라의 밤하늘은 내가 세상에서 본 가장 아름다운 밤하늘이었다.

　나는 별을 보며 맑고 진실한 삶을 살아간다는 것은 어

쩌면 그렇게 거창한 관념이나 사상에서 나오는 게 아니라 가슴과 가슴으로 경험한, 발과 발이 만난 따뜻한 온기에서 시작되는 것이라고 생각했다. 호수 저편에서 감미로운 바람이 불어왔다. 타메라 마을 사람들처럼 세상의 선함을 위해 살아갔던 수많은 존재들이 수놓은 은하수는 나를 무한한 시간과 공간으로 보내주는 것 같았다. 나는 그곳에 서서 저 별들 가운데 하나가 되고 싶다고 온몸으로 기도했다.

호수의 노래

저기 하늘을 봐!
친구가 말했다

별빛이 쏟아져 내렸다

우리는
함께 하늘을 보며
함께 길을 걸으며

맑고 진실한 삶은
거창한 생각이 아니라

가슴과 가슴이 만난
발과 발이 만난

그 따뜻한 온기에서
온다고 느껴졌다

저편에서
호수가 내쉬는 깊은 숨결은
감미로운 밤공기를 타고
우리 사이를 고요히 물들였고

세상의 선함을 위해 살아간
수많은 존재가 수놓은 은하수는
무한한 시공간으로 데려다주었다

우리는 함께 서서
저 별 가운데 하나가 되리라
온몸으로 기도하기 시작했다

맺음말

길을 찾기 위해 나는 몇 번이나 다시 길을 떠났다. 어느 날 밤은 절망으로 마음이 무너져 내렸고, 어느 눈부신 아침은 한없는 기쁨으로 차올랐다. 길을 찾는 그 과정 자체가 나의 길이라는 사실을 가슴으로 이해하기까지 아주 오랜 시간이 걸렸다.

20대 때 작은 배낭 하나를 메고 빈손으로 길을 찾아 나선 나에게 세상이 보내준 생태마을이라는 선물은 교사가 되어 어둠 속을 걸을 때도 작은 지표처럼 떠올랐다. 길 위에서 만난 스승들과 친구들, 자연의 다정한 목소리는 세상살이가 힘들어 속으로 울던 나를 안아주었다. 그렇게 내게 힘이 되었던 만남들을 이 책에 기록했다. 이제는 멀리 떠나지 않아도 괜찮다. 평범한 일상 속에서 내게 힘을 주고 인생의 길을 안내하는 수많은 존재가 있기 때문이다. 긴 여행을 통해 비로소 지금 내 주변의 소중함을 깨달았다.

처음 길을 떠난 지 10년이 흐른 지금, 생태마을 사람들이 예상했던 것처럼 기후 위기와 전염병 등이 전 세계를 덮쳤다. 우리가 사는 지구라는 집은 온몸으로 고통을 호소하고 있다. 나는 생태마을 사람들에게 배운 것처럼 내가 만나는 학생, 청년 들과 함께 지구와 우리를 치유할 수 있는 방법을 궁리하고 작은 것부터 실천하고자 노력 중이다.

어느 날 한 학생이 물어왔다.

"선생님, 앞으로 우리가 살아갈 세상을 떠올리면 절망스러워요. 이 세상에 희망이 있나요?"

빤히 쳐다보는 학생의 눈망울 속에서 처음 길을 떠났던 스물한 살의 내가 떠올랐다. 길 위에서 만난 스승들처럼 학생의 질문에 대답할 수 있는 어른이 되었는지 스스로에게 물었다. 그리고 한동안 침묵 속에 머무르며 내가 어떤 대답을 할 수 있을지 고민했다. 긴 고민 끝에 내 가슴과 손발로 경험한 생태마을 이야기를 전하는 것이 내가 가장 잘할 수 있는 대답이라는 생각이 들었다. 학생들에게 그리고 지금의 나에게 전하고 싶은 작은 희망이자 위로였다.

어설프고 설익은 20대의 내가 만난 생태마을은 지금 전혀 다른 모습을 하고 있을지도 모른다. 다만 내가 할 수 있는 일은 생태마을이 건네준 씨앗이자 열매를 진실한 마음으로 담아 아낌없이 내어주는 일이라고 느꼈다. 이 글을 만나는 모든 분이 10년 동안 내 가슴속에서 여문 작은 열매를 기쁜 마음으로 받아주면 좋겠다는 희망을 품어본다. 지구에 울려 퍼지는 생태마을들의 작고 고운 노래가 내게 그랬듯, 삶이라는 고단한 길 위에서 그대에게 작은 힘이 되어주길 바란다.

그리고 언젠가 길 위에서 당신을 만난다면 당신이 누구인지, 무엇을 하는지, 어떤 절망의 시간을 보냈는지 묻는 대신 내가 길 위에서 처음 들었던 따뜻한 인사와 함께 있는 힘껏 당신의 이름을 부르고 싶다.

"친구여Dear friend!"

어떤 배움은 떠나야만 가능하다

2020년 11월 22일 초판 1쇄 발행
2021년 4월 20일 초판 2쇄 발행

지은이　　김우인

펴낸이　　천소희
편집　　　박수희
제작　　　미래상상

펴낸곳　　열매하나
등록　　　2017년 6월 1일 제25100-2017-000043호
주소　　　(57941) 전라남도 순천시 옥천길 144
전화　　　02.6376.2846 | **팩스** 02.6499.2884
전자우편　yeolmaehana@naver.com
인스타그램 @yeolmaehana
ISBN　　　979-11-90222-18-1　03370

이 도서는 한국출판문화산업진흥원의
'2020년 우수출판콘텐츠 제작 지원' 사업 선정작입니다.

 삶을 틔우는 마음 속 환한 열매하나